D1754215

MIX
Papier aus verantwortungsvollen Quellen
Paper from responsible sources
FSC® C105338

Mario Plaikner

Führungskräftenachfolge in Banken

Erfolgsfaktoren des Wissensmanagements
beim Führungswechsel

Diplomica® Verlag GmbH

Plaikner, Mario: Führungskräftenachfolge in Banken: Erfolgsfaktoren des Wissensmanagements beim Führungswechsel.
Hamburg, Diplomica Verlag GmbH 2012

ISBN: 978-3-8428-8742-8
Druck: Diplomica® Verlag GmbH, Hamburg, 2012

Bibliografische Information der Deutschen Nationalbibliothek:
Die Deutsche Nationalbibliothek verzeichnet diese Publikation in der Deutschen Nationalbibliografie; detaillierte bibliografische Daten sind im Internet über http://dnb.d-nb.de abrufbar.

Die digitale Ausgabe (eBook-Ausgabe) dieses Titels trägt die ISBN 978-3-8428-3742-3 und kann über den Handel oder den Verlag bezogen werden.

Dieses Werk ist urheberrechtlich geschützt. Die dadurch begründeten Rechte, insbesondere die der Übersetzung, des Nachdrucks, des Vortrags, der Entnahme von Abbildungen und Tabellen, der Funksendung, der Mikroverfilmung oder der Vervielfältigung auf anderen Wegen und der Speicherung in Datenverarbeitungsanlagen, bleiben, auch bei nur auszugsweiser Verwertung, vorbehalten. Eine Vervielfältigung dieses Werkes oder von Teilen dieses Werkes ist auch im Einzelfall nur in den Grenzen der gesetzlichen Bestimmungen des Urheberrechtsgesetzes der Bundesrepublik Deutschland in der jeweils geltenden Fassung zulässig. Sie ist grundsätzlich vergütungspflichtig. Zuwiderhandlungen unterliegen den Strafbestimmungen des Urheberrechtes.

Die Wiedergabe von Gebrauchsnamen, Handelsnamen, Warenbezeichnungen usw. in diesem Werk berechtigt auch ohne besondere Kennzeichnung nicht zu der Annahme, dass solche Namen im Sinne der Warenzeichen- und Markenschutz-Gesetzgebung als frei zu betrachten wären und daher von jedermann benutzt werden dürften.

Die Informationen in diesem Werk wurden mit Sorgfalt erarbeitet. Dennoch können Fehler nicht vollständig ausgeschlossen werden, und der Diplomica Verlag, die Autoren oder Übersetzer übernehmen keine juristische Verantwortung oder irgendeine Haftung für evtl. verbliebene fehlerhafte Angaben und deren Folgen.

© Diplomica Verlag GmbH
http://www.diplomica-verlag.de, Hamburg 2012
Printed in Germany

Mein Dank gilt meiner Frau Petra. Sie hat mich und meine charakterlichen Ausprägungen während der Erstellung dieser Studie ertragen, zu jeder Zeit absolutes Verständnis gehabt und immer die richtigen Antworten gewusst.

Inhaltsverzeichnis

Abbildungsverzeichnis..VII
Tabellenverzeichnis..VIII
Abkürzungsverzeichnis..IX

1. Einleitung 1
   1.1. Die Ressource Wissen 1
   1.2. Motivation, Fragestellung, Zielsetzung............................... 3
   1.3. Aufbau und Methodik 5
2. Grundbegriffe und theoretischer Hintergrund......................... 11
   2.1. Wissen 11
      2.1.1. Wissenstypologien 19
      2.1.2. Erfahrungswissen 22
      2.1.3. Expertenwissen 24
      2.1.4. Weitere Wissensarten... 25
      2.1.5. Kompetenz 25
      2.1.6. Wissensträger.. 26
      2.1.7. Organisationales/systemisches Wissen 29
      2.1.8. Der Wissensbegriff in dieser Studie......................... 33
   2.2. Lernen... 34
      2.2.1. Individuelles und Organisationales Lernen 36
      2.2.2. Lernschwächen 39
         2.2.2.1. Strategische Kurzsichtigkeit 39
         2.2.2.2. Information overload 40
         2.2.2.3. Fehlselektionen 40

2.2.2.4. Persönliche Defizite und Rollenzwänge 40

2.2.2.5. Permanenter Erfolg / defensive Strategien 41

2.2.2.6. Status- und Kulturgrenzen 41

2.2.2.7. Lernfeindliche Strukturen und Kulturen 41

2.2.2.8. Mikropolitische Interessen 41

2.2.3. Die lernende Organisation 42

2.2.3.1. Systemisches Denken 43

2.2.3.2. Personal Mastery 43

2.2.3.3. Mentale Modelle 43

2.2.3.4. Gemeinsame Vision 44

2.2.3.5. Team-Lernen 44

2.3. Management 46

2.4. Wissensmanagement 48

2.4.1. Bausteine des Wissensmanagements 49

2.4.1.1. Wissensidentifikation 50

2.4.1.2. Wissenserwerb 51

2.4.1.3. Wissensentwicklung 51

2.4.1.4. Wissens(ver)teilung 51

2.4.1.5. Wissensnutzung 52

2.4.1.6. Wissensbewahrung 52

2.4.1.7. Wissensziele 52

2.4.1.8. Wissensbewertung 53

2.4.2. Der Wissensmanagementbegriff in dieser Studie 54

2.5. Wissenstransfer und Wissensumwandlung 54

2.5.1. Sozialisation: von implizit zu implizit 55

2.5.2. Externalisierung: von implizit zu explizit 55

2.5.3. Kombination: von explizit zu explizit 56

2.5.4. Internalisierung: von explizit zu implizit 56

2.6. Wissensmanagement in der Führungskräftenachfolge 57

2.7. Wissensverlust 60

2.7.1.1. Retention-Management 60

2.7.1.2. Wissenskommunikation 61

2.7.1.3. Organisational Memory Systeme (OMS) 61

2.7.1.4. Case-Writing 61

2.8. Erfolgsfaktoren des Wissensmanagement 62

2.8.1. Ausgewählte Instrumente und Methoden ....

des Wissensmanagement 66

2.8.1.1. Communities of Practise 66

2.8.1.2. Debriefing 67

2.8.1.3. Lessons Learned 68

2.8.1.4. Story Telling 68

2.8.2. Good Practise für Wissensmanagement in der
Führungskräftenachfolge 70

2.9. Zusammenfassung 74

**3. Wissensmanagement in der Führungskräftenachfolge aus
Expertensicht 76**

3.1. Der Interviewpartner 76

3.2. Die Aus- und Weiterbildungsabteilung der RLB Kärnten 77

3.3. Der Königsweg zur Führungskraft 80

3.4. Konzepte zum Wissensmanagement in der
Führungskräftenachfolgeplanung aus Expertensicht 82

3.5. Ausformungen des Wissensmanagement aus Expertensicht 82

3.6. Good Practise Beispiel aus Expertensicht 84

3.7.	Weitere Ergebnisse aus dem Experteninterview	85
3.8.	Erfolgsfaktoren aus Expertensicht	85
3.9.	Zusammenfassung	86
4.	**Wissensmanagement in der Führungskräftenachfolge aus Praxissicht**	**87**
4.1.	Auswahlkriterien	87
4.2.	Die Raiffeisenorganisation	89
4.3.	Die Interviewpartner	90
4.3.1.	Raiffeisenbank Bleiburg	92
4.3.2.	Raiffeisenbank Eberndorf	92
4.3.3.	Raiffeisen Bank Lurnfeld-Reißeck	93
4.3.4.	Raiffeisenbank Oberdrauburg	93
4.3.5.	Raiffeisenbank Völkermarkt	94
4.4.	Ergebnisse aus den Interviews	94
4.4.1.	Ausformungen und Erfahrungen im Wissensmanagement in der Führungskräftenachfolge in der Praxis	96
4.4.1.1.	Wissenstypologien aus Praxissicht	96
4.4.1.2.	Erfahrungswissen aus Praxissicht	98
4.4.1.3.	Expertenwissen und Wissensträger aus Praxissicht	99
4.4.1.4.	Wissenstransfer aus Praxissicht	100
4.4.1.5.	Wissensverlust aus Praxissicht	103
4.4.1.6.	Instrumente des Wissensmanagement aus Praxissicht	104
4.4.2.	Erwartungen an Wissensmanagement in der Führungskräftenachfolge	106
4.4.3.	Erfolgsfaktoren für Wissensmanagement in der Führungskräftenachfolge aus Praxissicht	107
4.5.	Antworten auf Forschungsfragen	108

4.6. Zusammenfassung 113
5. Conclusio..**114**
Literaturverzeichnis **119**
Anhang..**131**

Abbildungsverzeichnis

Abbildung 1: Drei Triebkräfte steigern die Bedeutung der Ressource Wissen 2
Abbildung 2: Argumentationskette 5
Abbildung 3: Beziehung zwischen den Ebenen der Begriffshierarchie 14
Abbildung 4: Die Wissenstreppe 17
Abbildung 5: Typen von Wissensträgern 28
Abbildung 6: Aufbau der organisationalen Wissensbasis 31
Abbildung 7: Hauptprozesse der Wissensbewahrung 35
Abbildung 8: Phasen der Entwicklung 38
Abbildung 9: Kernprozesse des Wissensmanagements 50
Abbildung 10: Die Wissensspirale 57
Abbildung 11: Änderung des Wissens beim Wechsel eines Mitarbeiters 58
Abbildung 12: Der Prozess der Wissensstafette 72
Abbildung 13: Vorteile durch die Wissensstafette 73
Abbildung 14: RAK-Bildungsangebot 80
Abbildung 15: Von der Nachwuchsführungskraft zur Führungskraft 83
Abbildung 16: Die Raiffeisenbankengruppe 89
Abbildung 17: Übersicht der Untersuchungsobjekte 91
Abbildung 18: Ablaufmodell qualitativer Inhaltsanalyse 95

Tabellenverzeichnis

Tabelle 1: Merkmale der Grundbegriffe 16
Tabelle 2: Übersicht über Kernaussagen und Schlagworte 19
Tabelle 3: Zwei Typen von Wissen 21
Tabelle 4: Lernschwächen und lernende Organisation 45
Tabelle 5: Erfolgsfaktoren im Überblick 64
Tabelle 6: Der implizite Teil des Wissens 97
Tabelle 7: Vom Lernen zur Erfahrung 98
Tabelle 8: Verlust von Expertenwissen 99
Tabelle 9: Fachwissen als Voraussetzung 100
Tabelle 10: Interne versus externe Folgeregelung 101
Tabelle 11: Wissenstransfer in Regionalbanken 102
Tabelle 12: Relevantes Wissen für die Nachfolge 104
Tabelle 13: Die elektronische Komponente von Wissensmanagement ... 105
Tabelle 14: Erfolgsfaktoren des Wissensmanagement im Vergleich 107

Abkürzungsverzeichnis

AC	Assessment Center
AG	Aktiengesellschaft
AuW	Aus- und Weiterbildungsabteilung
BBWL	Bankbetriebswirtschaftslehre
BGBl	Bundesgesetzblatt
BWL	Betriebswirtschaftslehre
CoP	Communities of Practice
EDV	Elektronische Datenverarbeitung
ELAK	Elektronischer Akt
ERP	Enterprise-Resource-Planning
GL	Geschäftsleiterin / Geschäftsleiter
GJ	Geschäftsjahr
GmbH	Gesellschaft mit beschränkter Haftung
GPM	Geschäftsprozessmodell
HAK	Handelsakademie
IKT	Informations- und Kommunikationstechnologie
KVP	Kontinuierlicher Verbesserungsprozess
OMS	Organisational Memory System
QVP	Qualitätsverbesserungsprozess
RAK	Raiffeisenakademie
RLB	Raiffeisen Landesbank
RB	Raiffeisenbank / Raiffeisen Bank
RZB	Raiffeisen Zentralbank Österreich AG
VW	Volkswagen

„Als ich ihn nun prüfte (ich brauche ihn wohl nicht mit Namen zu nennen; es war einer von unseren Politikern, bei dem ich, als ich ihn mir ansah und mich mit ihm unterhielt, derartiges erlebte), da gewann ich den Eindruck, dass dieser Mann wohl weise zu sein schien – nach dem Urteil vieler anderer Leute und vor allem nach seinem eigenen -, ohne es indessen wirklich zu sein, und ich versuchte ihm klarzumachen, dass er sich zwar einbildete, weise zu sein, dass er es jedoch gar nicht war. So kam es, dass ich mich bei ihm und bei vielen der Anwesenden verhasst machte; bei mir selbst aber bedachte ich, als ich wegging: „Im Vergleich zu diesem Menschen bin ich der Weisere. Denn wahrscheinlich weiß ja keiner von uns beiden etwas Ordentliches und Rechtes; er aber bildete sich ein, etwas zu wissen, obwohl er nichts weiß, während ich, der ich nichts weiß, mir auch nichts zu wissen einbilde. Offenbar bin ich im Vergleich zu diesem Mann um eine Kleinigkeit weiser, eben darum, dass ich weiß, was ich nicht weiß, auch nicht zu wissen glaube."

Sokrates (469 – 399 v. Chr.)[1]

---

[1] Fuhrmann (1986), S. 19.

1. Einleitung

1.1. Die Ressource Wissen

Die Bedeutung der klassischen Produktionsfaktoren Arbeit, Boden und Kapital hat in den letzten Jahrzehnten in den Industrienationen zweifellos an Bedeutung verloren.[2] *„Die grundlegende wirtschaftliche Ressource, mithin die ‚Produktionsmittel', werden nicht mehr das Kapital, werden nicht mehr die Naturschätze (der ‚Boden', wie der Volkswirtschaftler sagt) oder ‚die Arbeit' sein. Es ist vielmehr heute und in Zukunft das Wissen."*[3] Drucker spricht schon kurz nach Ende des Zweiten Weltkrieges von der Zukunft des Geistesarbeiters.[4] Im Jahr 1957 hat er erkannt, dass die Unternehmen in Zukunft einen hohen Bedarf an hochqualifizierten Mitarbeiterinnen und Mitarbeitern[5] haben werden, und, dass es am Management liegen werde, diese Geistesarbeiterinnen und Geistesarbeiter zu steuern und zu motivieren.[6] Diese Transformation zur Wissensgesellschaft lässt sich auch an der Veränderung der Arbeit, von Produktion und Verarbeitung hin zu Dienstleistung, ablesen. Im 19. Jahrhundert waren noch über 50 Prozent der Beschäftigten in der Landwirtschaft tätig. Heute hat sich dieser Anteil deutlich reduziert.[7] In Österreich hat sich beispielsweise der Anteil der unselbständig Erwerbstätigen im Dienstleistungssektor seit 1950 von 37 Prozent auf 73 Prozent fast verdoppelt.[8]

---

[2] Vgl. von der Oelsnitz/Hahmann (2003), S. 16.
[3] Drucker (1993), S. 18.
[4] Vgl. Drucker (1993), S. 19.
[5] In der vorliegenden Studie wird durchgehend auf eine geschlechtergerechte Schreibweise geachtet. Sollte sich dennoch in dieser Studie an einer Stelle oder mehreren Stellen die männliche Form finden, so gelten alle Aussagen und Angaben für beide Geschlechter.
[6] Vgl. Schütt (2010), S. 12.
[7] Vgl. Willke (2001), S. 295.
[8] Vgl. Wirtschaftskammer (2011), o.S.

Dieser strukturelle Wandel von arbeits- und kapitalintensiven zu informations- und wissensintensiven Aktivitäten ist einer von drei maßgeblichen Triebkräften der steigenden Bedeutung der Ressource Wissen.

```
                    ┌─────────────────┐
                    │  Struktureller  │
                    │   Wandel zur    │
                    │ Informations- und│
                    │Wissensgesellschaft│
                    └─────────────────┘
                   • Wissen wird knappe Ressource
                   • Informations- und Wissensmärkte

  ┌──────────────┐        ┌──────────┐        ┌──────────────┐
  │Informations- und│ ⇒  │ Bedeutung │  ⇐   │Globalisierung│
  │Kommunikations-│      │der Ressource│      │              │
  │ technologie   │      │Wissen steigt│      │              │
  └──────────────┘        └──────────┘        └──────────────┘
  • Beschleunigt Transaktionen              • Lokaler und globaler Wettbewerb
  • Reduziert Transaktionskosten            • Beschleunigte internationale
                                              Lernprozesse

                   • Weltweite Informations-
                     transparenz
                   • Weltweite Streuung von
                     Geschäftsprozessen
```

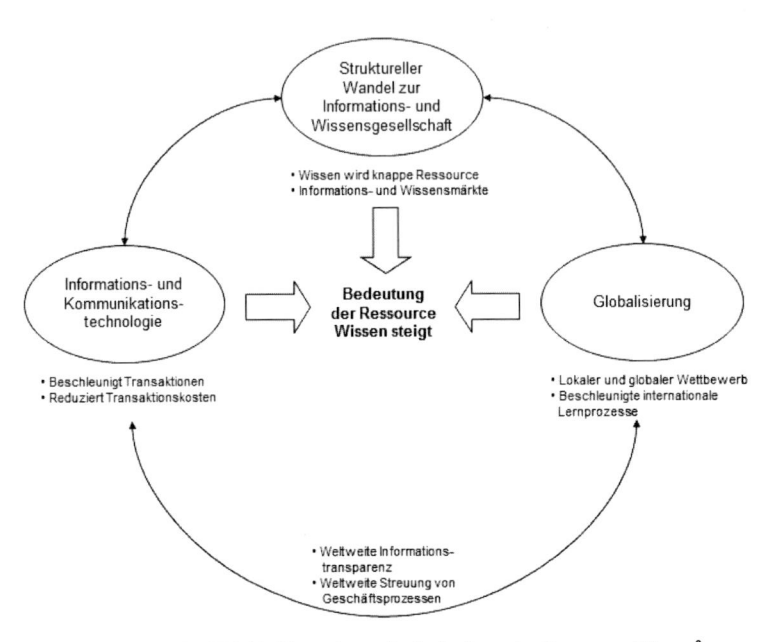

Abbildung 1: Drei Triebkräfte steigern die Bedeutung der Ressource Wissen[9]

Die Globalisierung der Wirtschaft verändert die lokale und globale Wettbewerbssituation und beschleunigt internationale Lernprozesse. Informations- und Kommunikationstechnologien (IKT) beschleunigen Transaktionen und machen den Markt transparenter.[10]

Wissen – richtig genutzt - kann heute als Wettbewerbsvorteil gesehen werden und sollte in der Unternehmensstrategie verankert sein. Zur Erhaltung dieses Wettbewerbsvorteils ist es notwendig, eine permanente Lernfähigkeit der Organisation und damit einhergehend das Wissenspotential kontinuierlich zu

---
[9] Quelle: North (2011), S. 15.
[10] Vgl. North (2011), S. 14f.

überprüfen zu erneuern.[11] Kurz gesagt, Wissen muss heutzutage im Unternehmen gemanagt werden, um als Unternehmen langfristig erfolgreich zu bleiben. Genau hier beginnt allerdings oft das Problem. Der Begriff Wissensmanagement wird oft missbräuchlich verwendet. Der Aufbau einer elektronischen Kundendatenbank ist ebenso wenig Wissensmanagement, wie die unstrukturierte Ansammlung von Informationen. Fragestellungen zur richtigen Nutzung von Kundeninformationen, der Aktualisierung und Aufbereitung von Wissen oder zum Transfer von Wissen unter den Mitarbeiterinnen und Mitarbeitern bleiben oft unbeantwortet.[12] Aus diesen, eben genannten Gründen, resultiert die Forschungsrelevanz für diese Studie. Was Wissensmanagement ist, und vor allem wie Wissensmanagement in der Führungskräftenachfolge funktionieren kann, wird im Laufe dieser Untersuchung beschrieben.

1.2. Motivation, Fragestellung, Zielsetzung

Der Stellenwert der Ressource Wissen ist unbestritten hoch. Mit Blick auf den Finanzdienstleistungssektor lässt sich sagen, dass dies ein besonders wissensintensiver Sektor ist, da Banken ausschließlich mit oft sehr abstrakten Dienstleistungen handeln und diese – begünstigt etwa durch europäische Standardisierungen – leicht vergleichbar sind. Die Entwicklung der letzten Jahrzehnte hin zur Wissensgesellschaft stellt Unternehmen vor die Aufgabe, ihre Personalentwicklung und im Speziellen ihre Führungskräfteentwicklung neu zu überdenken.[13] Es stellt sich die Frage, ob und wie weit Wissensmanagement in dem Prozess der Führungskräftenachfolge eine Relevanz hat. Daraus resultierend werden folgende Forschungsfragen formuliert.

---

[11] Vgl. Pawlowsky (1998), S. 13.
[12] Vgl. della Schiava/Rees (1999), S. 24.
[13] Vgl. Seebacher/Klaus (2004), S 5.

F1: Welche Erfahrungen haben Führungskräfte in Kärntner Regionalbanken mit Wissensmanagement in der Führungskräftenachfolge?

F2: Welche Ausformungen des Wissensmanagements in der Führungskräftenachfolge gibt es in Kärntner Regionalbanken?

F3: Welche Erfolgsfaktoren für Wissensmanagement in der Führungskräftenachfolge lassen sich identifizieren?

F4: Welche Misserfolgsfaktoren im Wissensmanagement in der Führungskräftenachfolge in Kärntner Regionalbanken gibt es?

F5: Welche Handlungsempfehlungen für erfolgreiches Wissensmanagement in der Führungskräftenachfolge können gegeben werden?

Ziel der Studie ist es, zu Beginn Erfolgsfaktoren im Wissensmanagement in der Führungskräftenachfolge theoretisch zu erarbeiten, zu analysieren und kritisch zu hinterfragen und mit der Sicht einer Expertin oder eines Experten auf dem Gebiet der Führungskräfteentwicklung abzugleichen. Ziel ist es auch, eine explorative Untersuchung zum Thema Wissensmanagement in der Führungskräftenachfolge in ausgewählten Kärntner Regionalbanken durchzuführen, um Ausformungen und Erfahrungen – gute wie auch schlechte – im Wissensmanagement in der Führungskräftenachfolge zu dokumentieren. Im Idealfall können abschließend Handlungsempfehlungen für erfolgreiches Wissensmanagement in der Führungskräftenachfolge erstellt werden.

1.3. Aufbau und Methodik

Um die in Kap. 1.2 (*Motivation, Fragestellung, Zielsetzung*) gestellten Forschungsfragen beantworten zu können, wird die Studie in drei große Säulen (Vgl. Abbildung 2) unterteilt und orientiert sich an folgender Argumentationskette.

Wissensmanagement in der Führungskräftenachfolge – Ausformungen, Erfahrungen und Erfolgsfaktoren am Beispiel Kärntner Regionalbanken

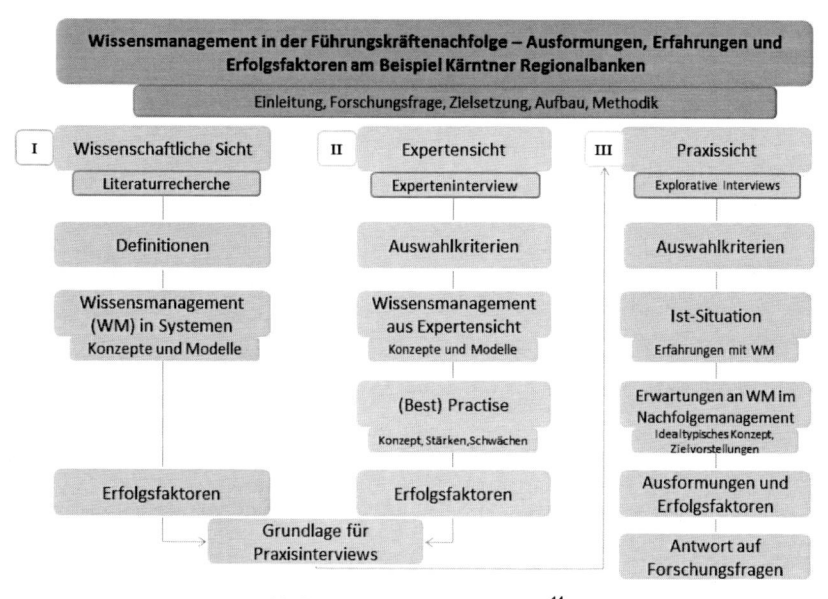

Einleitung, Forschungsfrage, Zielsetzung, Aufbau, Methodik

I Wissenschaftliche Sicht	II Expertensicht	III Praxissicht
Literaturrecherche	Experteninterview	Explorative Interviews
Definitionen	Auswahlkriterien	Auswahlkriterien
Wissensmanagement (WM) in Systemen — Konzepte und Modelle	Wissensmanagement aus Expertensicht — Konzepte und Modelle	Ist-Situation — Erfahrungen mit WM
	(Best) Practise — Konzept, Stärken, Schwächen	Erwartungen an WM im Nachfolgemanagement — Idealtypisches Konzept, Zielvorstellungen
Erfolgsfaktoren	Erfolgsfaktoren	Ausformungen und Erfolgsfaktoren
	Grundlage für Praxisinterviews	Antwort auf Forschungsfragen

Abbildung 2: Argumentationskette[14]

Die Studie beginnt mit einem Kapitel, das von intensiver Literaturrecherche geprägt ist. Ziel ist es, einen umfassenden Überblick über die unterschiedlichen wissenschaftlichen Standpunkte zu erhalten. Es werden in diesem Kapitel die Grundlagen des Wissensmanagement vorgestellt sowie die Begriffsdefinitionen unterschiedlicher Autorinnen und Autoren festgehalten und miteinander verglichen. Die Definitionen sind nach Meinung des Verfassers wichtig, um die Ergebnisse der Wissenschaft nachvollziehen zu können. Unterschiedliche Ansätze, wie etwa der systemische Ansatz oder der problemorientierte Ansatz,

---

[14] Quelle: eigene Darstellung.

können anhand der Definitionen der unterschiedlichen Autorinnen und Autoren besser miteinander verglichen werden.[15] Besonderen Wert wird darauf gelegt, dass in allen Fällen möglichst neue Literatur verwendet wird, um den aktuellen Stand der Wissenschaft möglichst genau festhalten zu können. Auch aktuelle Fachzeitschriften zur Thematik werden in die Studie miteinbezogen. Im weiteren Verlauf der Untersuchung werden auch idealtypische Modelle (vgl. Kap. 2.2.3. *Die lernende Organisation*, Kap. 2.4.1. *Bausteine des Wissensmanagement*s) vorgestellt, die aus empirischer[16] Arbeit der jeweiligen Autoren resultieren. Abschließend werden ausgewählte Instrumente und Methoden der Praxis vorgestellt.

Die zweite Säule befasst sich mit der Expertensicht zum Thema Wissensmanagement. In der empirischen Sozialforschung gibt es grundsätzlich die Möglichkeit der quantitativen und der qualitativen Erhebung von Daten.[17] Für die quantitative Sozialforschung gilt, eine maximal mögliche Standardisierung zu erreichen. Die qualitative Forschung interessiert sich hingegen für die freie Formulierung von Sichtweisen von Personen.[18] Die quantitative Sozialforschung zeichnet sich durch Erhebungsmethoden wie beispielsweise Fragebogenumfragen oder standardisiere Interviews aus.[19] Es geht in der quantitativen Sozialforschung auch darum, Aussagen über Personen treffen zu können, die gar nicht befragt wurden.[20] Ziele sozialwissenschaftlicher Untersuchungen können die Prüfung von Hypothesen und Theorien, Evaluationsstudien, deskriptive oder explorative Untersuchungen sein[21], wobei die Prüfung von Hypothesen eine der vorrangigen Aufgaben wissenschaftlicher Sozialforschung ist.[22]

---

[15] Vgl. Kornmeier (2009), S. 107f.
[16] Vgl. Atteslander (2008), S. 3: Empirisch bedeutet erfahrungsgemäß. Unsere Umwelt wird durch Sinnesorgane wahrgenommen. Die Soziologie bezeichnet man im Wesentlichen als Erfahrungswissenschaft.
[17] Vgl. Kelle (2008), S. 25f.
[18] Vgl. Diekmann (2002), S. 444.
[19] Vgl. Seipel/Rieker (2003), S. 24.
[20] Vgl. Seipel/Rieker (2003), S. 104.
[21] Vgl. Diekmann (2002), S. 30.
[22] Vgl. Diekmann (2002), S. 33.

In Evaluationsstudien geht es im Kern um die empirische Analyse der Wirkungen und Nebenwirkungen einer Maßnahme oder eines Projektes. Es geht beispielsweise um die Planung, die Durchführungskontrolle und die Kosten-Nutzen-Bewertung der empirisch ermittelten Projektfolgen.[23] Deskriptive Untersuchungen zielen auf die Schätzung von Häufigkeiten, Anteilen, Durchschnittswerten und anderen Merkmalen der Verteilung sozialer Aktivitäten und Einstellungen ab, wobei Wert auf repräsentative Stichproben gelegt wird.[24] Im Gegensatz zu den drei soeben vorgestellten Methoden der Sozialforschung werden explorative Studien dann durchgeführt, wenn der soziale Bereich, den es zu erforschen gilt, relativ unbekannt ist.[25]

Der Autor entscheidet sich, aus den eben genannten Gründen, sowohl in Säule II, wie auch in Säule III, für eine explorative Studie und bedient sich der Methode des Experteninterviews, wobei das zur Bearbeitung von Kap. 3 (*Wissensmanagement in der Führungskräftenachfolge aus Expertensicht*) geführte Interview eine sehr viel tiefere Behandlung und Besprechung der Materie zulässt, als die für Kap. 4 (*Wissensmanagement in der Führungskräftenachfolge aus Praxissicht*) geführten Führungskräfteinterviews. Ein Experteninterview stellt an die Datenerhebung die Anforderung der Subjektbezogenheit und der Offenheit der Fragen und Antworten. Diese explorativen Interviews dienen der Entwicklung von Typologien, Kategoriensystemen und der Generierung von Forschungshypothesen. Die Prüfung von Hypothesen ist nicht Ziel der qualitativen Methode.[26] Gleichwenig ist es Ziel, statistische Analysen und Auswertungen zu generieren und Daten zu messen und zu vergleichen. Vielmehr geht es darum, Verhaltensweisen, Entscheidungen und Vorgehensweisen von Einzelfällen zu verstehen.[27] Aus diesem Grund geht es in der qualitativen Forschung darum, das, aus teilstrukturierten Interviews in alltagsähnlichen Situationen gewonnene, Material

---

[23] Vgl. Diekmann (2002), S. 34.
[24] Vgl. Diekmann (2002), S. 31f.
[25] Vgl. Diekmann (2002), S. 30.
[26] Vgl. Diekmann (2002), S. 444.
[27] Vgl. Bortz/Döring (2006), S. 298f.

intensiv auszuwerten und soziale Sachverhalte und Prozesse zu beschreiben.[28] Die Erklärung und Begründung der Kriterien der Auswahl der Untersuchungsobjekte wird in Kap. 4.1. (*Auswahlkriterien*) beschrieben.

Die Aus- und Weiterbildungsabteilung (AuW) der Raiffeisenlandesbank Kärnten ist die Koordinationsstelle für die gesamte Aus- und Weiterbildung der Mitarbeiterinnen und Mitarbeiter der Kärntner Raiffeisenbanken. Auch die Führungskräfteausbildung wird zentral über die AuW koordiniert und begleitet. Aus diesem Grund kann der Leiter dieser Abteilung, Mag. Wernher Kraker, als Experte angesehen werden, der im Umgang mit den im Praxisteil zu befragenden Führungskräften Erfahrung besitzt und über den Forschungsgegenstand über besondere und umfassende Kenntnisse verfügt.[29] Das Interview kann als offen, teilstrukturiert, qualitativ beschrieben werden, da dem Experten offene Fragen – auf Basis eines Interviewleitfadens – gestellt werden. Die offene Fragestellung bietet den Vorteil der freien Formulierungsmöglichkeit des Experten. Somit kann das, was dem Experten als wichtig und bedeutsam erscheint, am besten erfasst werden.[30] Als Hilfestellung für den Interviewer dient ein Interviewleitfaden, welcher im Anhang dieses Buches beigelegt ist. Das Experteninterview wird durch eine Tonbandaufzeichnung konserviert. Die vollständige Transkription des Experteninterviews ist im Anhang dieses Buches zu finden. Das Experteninterview dient zur abschließenden Systematisierung des wissenschaftlichen Verständnisses.[31]

---

[28] Vgl. Diekmann (2002), S. 444f.
[29] Vgl. Atteslander (2008), S. 131.
[30] Vgl. Mayring (2002), S. 66.
[31] Vgl. Atteslander (2008), S. 132.

Die dritte Säule behandelt die Praxissicht. Zur Erforschung dieser Sicht steht grundsätzlich eine große Zahl an Erhebungsmethoden zur Verfügung, wie zum Beispiel schriftliche oder telefonische Interviews und auch Fragebögen.[32] Die Methode des qualitativen Interviews wird als beste Möglichkeit erachtet, die Beantwortung auf die Forschungsfragen zu erreichen, da durch eine offene, teilstrukturierte Fragestellung die Sichtweise der interviewten Personen in die Befragung einbezogen wird.[33] Den Interviewpartnerinnen und Interviewpartnern wird die Möglichkeit gegeben, ihre Perspektive und Sichtweise zu einzelnen Themen und Fragestellungen zu schildern. Durch diese narrative Methode[34] wird darauf abgezielt, durch das Interview eine alltagsähnliche Gesprächsatmosphäre zu schaffen, sodass Hemmschwellen abgebaut werden und somit tiefere Kenntnisse sozialer Sachverhalte erhalten werden können, als dies etwa in standardisierten Interviews der Fall ist.[35] Durch diese Art der Erhebung kann es nicht zur Überprüfung von Hypothesen kommen[36], jedoch können durch diese explorative Untersuchung in weiterer Folge Aussagen der Interviewpartner kategorisiert und klassifiziert werden. Einen Pretest im Vorfeld der Interviews wird als nicht sinnvoll erachtet, da durch die hohe Individualität der Aussagen der Gesprächspartner eine Tauglichkeitsmessung des Erhebungsinstrumentes nicht erreicht werden kann.[37] Der Interviewleitfaden ist dem Anhang dieser Studie beigefügt. Die Interviews werden, sofern dies von den zu interviewenden Personen erlaubt wird, durch Tonbandaufzeichnungen konserviert. Allenfalls werden die gekürzten und anonymisierten Abschriften der Interviews dem Anhang beigefügt. Um die Materialfülle in der Aufbereitung der Daten zu reduzieren, wird hier an Stelle der wörtlichen Transkription die Methode des zusammenfassenden Protokolls gewählt.[38] Die gewählte Auswertungsmethode wird in Kap. 4.4 (*Ergebnisse aus den Interviews*) vorgestellt.

---

[32] Vgl. Diekmann (2002), S. 17.
[33] Vgl. Diekmann (2002), S. 444.
[34] Vgl. Mayring (2002), S. 73.
[35] Vgl. Diekmann (2002), S. 445.
[36] Vgl. Diekmann (2002), S. 444.
[37] Vgl. Atteslander (2008), S. 277.
[38] Vgl. Mayring (2002), S. 94f.

Die Leserin und der Leser werden an dieser Stelle darauf aufmerksam gemacht, dass die zusammenfassenden Aussagen aus den Interviews mit den Führungskräften anonymisiert werden. Die Unternehmen und die befragten Führungskräfte werden in Kap. 4.3. (*Die Interviewpartner*) namentlich und in alphabetischer Reihenfolge vorgestellt. Zusammenfassende Aussagen und Zitate werden mit den Bezeichnungen I1, I2, I3, I4 und I5 versehen, wobei die Reihenfolge willkürlich gewählt wird. In den, im Anhang befindlichen, zusammenfassenden Protokollen wurden Fragen und Antworten, die direkte Rückschlüsse auf das Unternehmen und die befragte Person ermöglichen, ausgelassen. Grund dafür ist vor allem, dass die Interviewpartner neben persönlichen Erfahrungen und Erfolgen auch nach Misserfolgen, beziehungsweise nach Verbesserungspotentialen im Wissensmanagement in der Führungskräftenachfolge befragt werden. Um in diesem Zusammenhang die Chance auf ehrliche und authentische Antworten zu erhöhen, wird die Anonymisierung als sinnvoll angesehen.

2. Grundbegriffe und theoretischer Hintergrund

Zu Beginn der Studie werden grundlegende Begriffe, die im Verlauf regelmäßig vorkommen oder besondere Problemrelevanz haben, definiert und abgegrenzt, um der Leserin und dem Leser Klarheit über deren Unterscheidung und Verwendung in der Studie zu verschaffen. Es ist auch zum besseren Verständnis sinnvoll, unterschiedliche theoretische Erklärungsansätze von Begrifflichkeiten wie zum Beispiel Wissen oder Wissensmanagement vorzustellen, um einen möglichst breiten Zugang zur Materie zu erhalten. Das Kapitel zielt darauf ab, dass der Leserin und dem Leser der notwendige theoretische Hintergrund dargestellt wird, um Zusammenhänge und systemisches Wirken besser verstehen zu können. Die umfassenden theoretischen Grundlagen sind auch hilfreich, die in weiterer Folge vorgestellten Idealtypen, Methoden, Instrumente und Good Practise Beispiele nachvollziehen zu können. Anschließend werden Erfolgsfaktoren für funktionierendes Wissensmanagement aus Sicht der Theorie dokumentiert und es werden der Leserin und dem Leser ausgewählte Praktiken für erfolgreiches Wissensmanagement in der Führungskräftenachfolge vorgestellt. Das Kapitel schließt mit einer Zusammenfassung.

2.1. Wissen

Viele Autoren haben sich in den letzten Jahrzehnten mit dem Begriff des Wissens auseinandergesetzt und viele ähnliche, aber dennoch unterschiedliche Definitionen beziehungsweise Erklärungsansätze hervorgebracht. Eine allgemein gültige Definition von Wissen ist in der Literatur nicht zu finden. Einer der ersten, dem es zu verdanken ist, dass der Blick auf den Gegenstand Wissen differenzierter geworden ist, ist Michael Polanyi. Wissen ist für Polanyi nicht nur etwas, worüber man berichten kann, sondern enthält ebenso einen sprachlosen

Anteil.[39] Polanyi umschreibt diesen sprachlosen Anteil mit „(…) *that we know more than we know how to say.*" [40], also mit etwas, das zwar bewusst vorhanden, aber nicht zu vermitteln war und sich daher oft schwer in Worte fassen lässt.[41] Leichter verständlich wird dieser sprachlose Anteil des Wissens, wenn man sich folgendes Beispiel ansieht.

„Wir kennen das Gesicht von jemandem und können es unter Tausenden, ja unter einer Million wiedererkennen. Trotzdem können wir gewöhnlich nicht sagen, wie wir ein uns bekanntes Gesicht wiedererkennen. Das meiste dieses Kennens kann also nicht in Worte gefaßt werden."[42]

Für Polanyi handelt es sich dabei um sogenanntes implizites Wissen[43], auch ‚tacit knowledge'[44] genannt, welches in Kap. 2.1.1. (*Wissenstypologien*) näher beschrieben wird.

Zu Beginn der Sechzigerjahre wird erstmals der Begriff des Wissens- und Kopfarbeiter sowie der Begriff der Wissensarbeit geprägt[45] In diesem Zusammenhang ist auch der so genannte Geistesarbeiter zu sehen, der als Wissensführungskraft – man würde heutzutage Wissensmanager dazu sagen – die Verantwortung für den Einsatz und die Verteilung der Ressource Wissen übernimmt.[46] Drucker unterscheidet drei neue Formen des Wissens, ständige Weiterverbesserung von Verfahren, Produkten und Dienstleistungen, worin laut Drucker die japanischen Unternehmen spezialisiert sind, zweitens die konsequente Nutzung bestehenden Wissens zur Neuentwicklung von Verfahren und Techniken und drittens die Innovation.[47] In japanischen Unternehmen spielt

---

[39] Vgl. Keller/Kastrup (2009), S. 11.
[40] Polanyi (1958), S. 12, zit. nach: Willke (2001), S. 13.
[41] Vgl. Polanyi (1985), S. 17.
[42] Polanyi (1985), S. 14.
[43] Vgl. Polanyi (1985), S. 16.
[44] Vgl. Polanyi (1966), S. 16, zit. nach: Nonaka (2008), S. 14.
[45] Vgl. Drucker (1993), S. 16.
[46] Vgl. Drucker (1993), S. 18f.
[47] Vgl. Drucker (1993), S. 265.

bei der Weiterverbesserung von Produkten und Dienstleistungen die menschliche Intuition eine größere Rolle als in westlichen Unternehmen.[48]

> *„Westliche und japanische Unternehmen haben unterschiedliche Methoden Wissen zu schaffen. Während in japanischen Unternehmen der Mensch und die Intuition eine viel höhere Bedeutung haben, beschäftigen sich westliche Manager überwiegend mit jenem Teil des Wissens, der bereits existiert, wie zum Beispiel (...) Datenbanken (...). Doch das ausschließliche Managen von bestehendem Wissen reicht nicht aus, um neues Wissen zu schaffen."*[49]

In vorangegangenem Zitat ist deutlich zu erkennen, dass mit Wissen auch die Verwaltung und Anwendung von Datenbanken, Handbüchern, Dokumenten und ähnlichem gemeint ist.

Einen detaillierteren Zugang zum Wissensbegriff haben die Japaner Nonaka und Takeuchi. Sie beziehen sich in ihrer Wissensdefinition auf die epistemologische Dimension[50] von Polanyi und unterscheiden grundsätzlich die Begriffe Wissen und Informationen, sprechen aber sehr wohl von Ähnlichkeiten beider. Wissen ist ein dynamischer Prozess der Erklärung persönlicher Vorstellungen über die Wahrheit und eine mit Erklärung verbundene richtige Vorstellung.[51] Hingegen betrachten sie Informationen als Fluss von Botschaften, die im Zusammenhang mit den Vorstellungen und dem Engagement eines Menschen Wissen erzeugt.[52] Wissen resultiert demnach aus Informationen und ist *„(...) in seinem Wesen nach mit menschlichem Handeln verbunden."*[53]

Für die Unterscheidung der eben nicht ganz trennscharfen Begriffe Daten, Information und Wissen sind drei Punkte von essentieller Bedeutung. Bei

---

[48] Vgl. della Schiava/Rees (1999), S. 198.
[49] della Schiava/Rees (1999), S. 198.
[50] Vgl. Nonaka/Takeuchi (1997), S. 68ff. Die Epistemologie befasst sich mit der Frage, wie Wissen zustande kommt.
[51] Vgl. Nonaka/Takeuchi (1997), S. 70.
[52] Vgl. Nonaka/Takeuchi (1997), S. 71.
[53] Nonaka/Takeuchi (1997), S. 71.

Wissen dreht es sich im Gegensatz zu Informationen und Vorstellungen um Engagement und die Konsequenz einer bestimmten Einstellung, Perspektive oder Absicht. Wissen ist geprägt durch Handeln und immer zweckgerichtet. Dies ist bei Informationen nicht der Fall. Der dritte Punkt ist die Bedeutung. Wissen ist immer kontext- und beziehungsspezifisch.[54]

Den Begriffen Wissen und Informationen können noch zwei weitere Ebenen hinzugefügt werden, wie aus nachstehender Abbildung zu sehen ist.

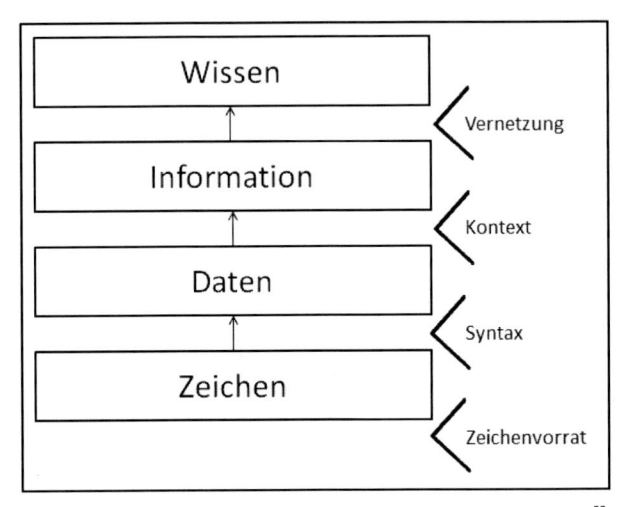

```
Wissen
  ↑       ⟨ Vernetzung
Information
  ↑       ⟨ Kontext
Daten
  ↑       ⟨ Syntax
Zeichen
          ⟨ Zeichenvorrat
```

Abbildung 3: Beziehung zwischen den Ebenen der Begriffshierarchie[55]

Die vier Ebenen Zeichen, Daten, Informationen und Wissen sind als Grundelemente der Wissensbasis zu verstehen. Mithilfe von Zeichen werden, unter Verwendung bestimmter Regeln, Daten erzeugt. Diese können in gewissen Kontexten interpretiert werden und so zu Informationen werden. Nach Probst/Raub/Romhardt ist Wissen demnach

---

[54] Vgl. Nonaka/Takeuchi (1997), S. 70.
[55] Quelle: In Anlehnung an Probst/Raub/Romhardt (2003), S. 16.

> „(...) die Gesamtheit der Kenntnisse und Fähigkeiten, die Individuen zur Lösung von Problemen einsetzen. Dies umfasst sowohl theoretische Erkenntnisse als auch praktische Alltagsregeln und Handlungsanweisungen."[56]

Ein wichtiger Faktor ist die Personengebundenheit. Wissen resultiert zwar aus Daten und Informationen, ist im Gegensatz zu diesen aber immer an Personen gebunden.[57] Ist jemand in der Lage Informationen in einem bestimmten Handlungsumfeld zu vernetzen und zu nutzen, so kann das Resultat als Wissen bezeichnet werden. Mit einer teilweise noch feineren Untergliederung kann Wissen noch in zusätzliche Elemente wie Weisheit, Intelligenz oder Reflexionsfähigkeit unterschieden werden.[58]

Der Systemtheoretiker Willke spricht von Wissen, wenn Informationen in einen Praxiszusammenhang eingebunden werden und daraus eine neue oder veränderte Praxis entsteht. Ebenfalls wird von ihm die Ansicht geteilt, dass Wissen aus Daten und Informationen resultiert. Wissen ist eine auf Erfahrung gegründete Praxis, welche kommunikativ konstituiert und konfirmiert ist. Mit dieser Definition von Wissen verliert der Begriff allerdings die Weihen einer besonderen oder höheren Art des Seins. Indirekt wird damit der verfeinerten Gliederung von Probst/Raub/Romhardt. widersprochen. Für Willke gilt, dass *jede* konfirmierte Praxis Wissen generiert.[59] Wissen kann nur durch den Einbau von Informationen in Erfahrungskontexte entstehen und ist immer zweckgebunden.[60] Für Willke gibt es kein theoretisches oder abstraktes Wissen, sondern nur praktisches Wissen im Umgang mit Theorie und Wissen im Umgang mit Abstraktionen.[61]

---

[56] Probst/Raub/Romhardt (2003), S. 22.
[57] Vgl. Probst/Raub/Romhardt (2003), S.23.
[58] Vgl. Probst/Raub/Romhardt (2003), S. 16.
[59] Vgl. Willke (2007), S. 33.
[60] Vgl. Leibold u.a. (2002), S. 240ff, zit. nach: Willke (2007), S. 34.
[61] Vgl. Willke (2007), S. 33.

Zur Veranschaulichung der Unterscheidung der Grundbegriffe dient folgende Tabelle.

	Daten	Information	Wissen
Basis-operation	codierte Beobachtungen	systemisch relevate Daten	Einbau von Informationen in Erfahrungskontexte
Restriktionen	Zahlen Sprache/Texte Bilder	Information ist system-relativ	Gemeinsame Praxis „community of practice"

Tabelle 1: Merkmale der Grundbegriffe[62]

Eine ähnliche, ebenfalls auf Zeichen, Daten und Informationen basierende und eng an Probst/Raub/Romhardt angelehnte, Definition von Wissen liefert North. Er bezeichnet Wissen als den Prozess der zweckdienlichen Vernetzung von Informationen. Wissen entsteht als Ergebnis der bewussten Verarbeitung von Informationen durch das Bewusstsein. Die Interpretation von Informationen kann allerdings in unterschiedlichen Kontexten und unterschiedlichen Kulturen anders ausfallen. Wird in Westeuropa ein Kopfnicken üblicherweise als Zustimmung interpretiert, so wird es in Griechenland – in etwas anderer Form – jedoch als „nein" interpretiert. Wissen ist immer geprägt von individuellen Erfahrungen, kontextbezogen und an Personen gebunden. Zwar besteht die Möglichkeit, Datenbanken einzurichten, die Teilbereiche von Wissen wiederum als Informationen ablegen, Wissensdatenbanken zu erstellen, ist aber nicht möglich.[63] Anders als für Willke kann für North Wissen sehr wohl eine theoretische Komponente aufweisen.[64]

> „Wissen ist die Gesamtheit der Kenntnisse, Fähigkeiten und Fertigkeiten, die Personen zur Lösung von Problemen einsetzen. Dies umfaßt sowohl theoretische Erkenntnisse als auch praktische Alltagsregeln und Handlungsanweisungen. Wissen stützt sich auf Daten und Informationen,

---

[62] Quelle: Willke (2007), S. 47.
[63] Vgl. North (2011), S. 37f.
[64] Vgl. North (1999), S. 41.

ist im Gegensatz zu diesen jedoch immer an Personen gebunden. Wissen entsteht als individueller Prozeß in einem spezifischen Kontext und manifestiert sich in Handlungen."[65]

Erweitert man die vier Ebenen Zeichen, Daten, Informationen und Wissen um das Element Handeln, also wendet man Wissen praktisch an, so entsteht die Handlungsfähigkeit, welche auch Kompetenz genannt wird. Wendet man Wissen auch noch richtig und zweckorientiert an, mündet dies in Wettbewerbsfähigkeit.[66] North stellt dies grafisch mithilfe seiner Wissenstreppe dar.

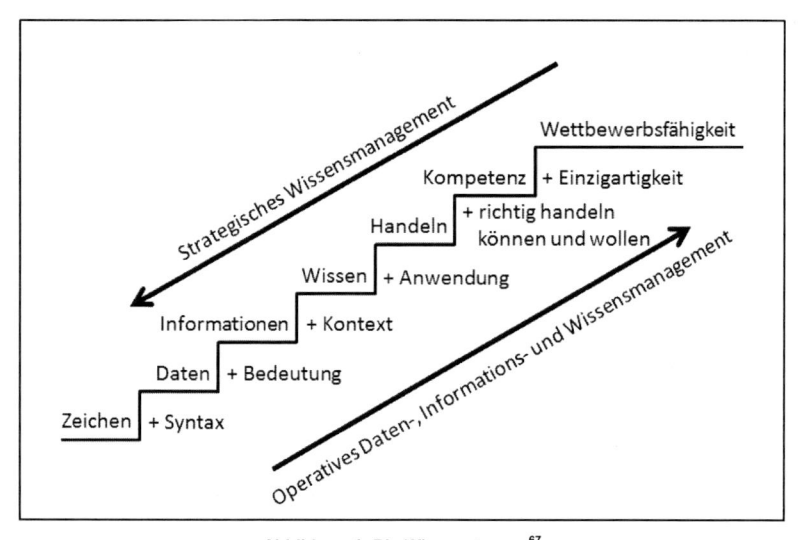

Abbildung 4: Die Wissenstreppe[67]

Für North ist die Wettbewerbsfähigkeit, also besser zu sein als ein anderer, die höchste Stufe im Management des Wissens.[68]

---

[65] North (1999), S. 41.
[66] Vgl. North (2011), S. 38f.
[67] Leicht modifiziert übernommen aus: North (2011), S. 36.
[68] Vgl. North (2011), S. 39.

Um den Wissensbegriff abgrenzen zu können, wird folgendes festgehalten. Der Wissensbegriff wird heutzutage nicht mehr als religiös geformter Gegenbegriff zu Glauben verstanden. Auch steht das Wissen, von dem im Laufe dieser Studie gesprochen wird, keinesfalls in einer Relation zum politischen Begriff der Macht. In Hinblick auf die oben beschriebene Wandlung zur Wissensgesellschaft kann man festhalten, dass Wissen ausschließlich in Opposition zum Begriff des Nichtwissens steht.[69] Dieses Nichtwissen ist allerdings nicht per se etwas Schlechtes. Ganz im Gegenteil. Nichtwissen macht kreativ, erleichtert schnelles Entscheiden und unterstützt schnelles Handeln.[70] Nichtwissen hat auch in keiner Weise etwas zu tun mit Unwissenheit oder Ahnungslosigkeit. Allenfalls kann es mit dem Begriff des Risikos umschrieben werden.[71] Besser allerdings lässt sich ein Begriff von Nichtwissen als *identifiziertes* Nichtwissen definieren. Nichtwissen liegt demnach vor, wenn jemand in irgendeiner Weise weiß, dass er etwas nicht weiß. Unwissenheit liegt demgegenüber dann vor, wenn jemand in keiner Weise weiß, dass er nichts weiß.[72] Dieses Nichtwissen kann auch als Metawissen bezeichnet werden.[73] Es bietet die Grundlage, um an das eigentliche Wissen zu kommen.[74]

Abschließend wird ein Überblick über die Kernaussagen der ausführlicher vorgestellten Autoren zum Thema Wissen gegeben, und es werden Schlagworte niedergeschrieben, die im Zusammenhang mit den Definitionsversuchen häufig vorkommen.

---

[69] Vgl. Willke (2007), S. 27.
[70] Vgl. Vollmar (2008), S. 57.
[71] Vgl. Gottschalk-Mazouz (2007), S. 34.
[72] Vgl. Gottschalk-Mazouz (2007), S. 34.
[73] Vgl. Gabler (1997), S. 2604.
[74] Vgl. Wiesenbauer (2001), S. 28.

Autor	Kernaussage	Schlagworte
Polanyi	Wissen hat auch einen sprachlosen Anteil.	tacit
Drucker	Die postkapitalistische Gesellschaft teilt sich nicht mehr in die Klassen Kapitalisten/Proletarier auf, sondern in die Kopfarbeiter und Dienstleister.	Kopfarbeiter Weiterverbesserung Nutzung Innovation
Nonaka/Takeuchi	Wissen ist der dynamische Menschliche Prozess der Erklärung persönlicher Vorstellungen über die Wahrheit.	Zweckgebundenheit Kontextgebundenheit Beziehungsgebundenheit
Probst/Raub/Romhardt	Wissen ist die Gesamtheit der Kenntnisse und Fähigkeiten, die Individuen zur Lösung von Problemen einsetzen	Personengebundenheit Reflexionsfähigkeit Kontextabhängigkeit
Willke	Informationen werden in einen Praxiszusammenhang eingebunden und daraus entsteht eine neue oder veränderte Praxis.	Zweckgebundenheit gemeinsame Praxis Praxisrelevanz
North	Wissen ist die Gesamtheit der Kenntnisse, Fähigkeiten und Fertigkeiten, die Personen zur Lösung von Problemen einsetzen.	Kompetenz Wettbewerbsfähigkeit Personengebundenheit

Tabelle 2: Übersicht über Kernaussagen und Schlagworte[75]

2.1.1. Wissenstypologien

Obwohl es auch zum Thema Wissenstypologien unterschiedliche Strukturierungsbestimmungen – nach Form-, Inhalts- und Ausdrucksdimension[76] - gibt, können die verschiedenen Wissensarten am besten anhand von unterschiedlichen Aggregatzuständen beschrieben werden. Man kann von festem Wissen sprechen, wenn sich dieses Wissen wie ein Block Eis abpacken lässt. Zum Beispiel lassen sich Protokolle, Dokumente mithilfe von Datenbanken, dem Internet oder dem Intranet dokumentieren, welche dann wiederum idealerweise leicht auffindbar sind. Für sich allein gestellt ist dies, wie

---

[75] Quelle: eigene Darstellung
[76] Vgl. Spinner (2002), S. 23.

im vorangegangenen Kapitel bereits erklärt, jedoch wiederum nur eine Information. Mit anderen Worten gesagt, handelt es sich um potentielles Wissen. Wendet man diese in einem Kontext und situationsbezogen an, so entsteht Wissen.[77] Man spricht in diesem Fall auch von explizitem Wissen, da es beschreibbar ist, also artikuliert werden kann und durch seine Dokumentation nicht an Menschen gebunden ist.[78] Es kann mit Mitteln der Informations- und Kommunikationstechnologie aufgenommen, übertragen und gespeichert werden, wie es etwa bei Patenten, Organigrammen oder Qualitätsdokumenten der Fall ist.[79] Man kann daher auch sagen, das Verstandeswissen meist explizit ist.[80] Explizites Wissen lässt sich zum Beispiel mithilfe moderner Enterprise-Ressource-Planing (ERP) Software speichern und somit für ein Unternehmen bewahren.[81]

Wissen kann auch in flüssiger Form vorliegen. Diese Dimension von Wissen entsteht aus Erfahrung und aus dem Lernen und ist mehr oder weniger gut kommunizierbar. Es ist ebenfalls schwierig, dieses Wissen zu quantifizieren, da es in anwendungsorientierter Form vorliegt.[82] Dass die Quantität des Wissens nicht der ausschlaggebende Faktor ist, kann jedoch eindeutig festgehalten werden. Im Allgemeinen kann gesagt werden, dass die Quantität des Wissens, also ihr rein mengenmäßiger Aspekt, bei weitem nicht so entscheidend ist wie die Produktivität des Wissens, also ihr qualitativer Aspekt.[83] Mit anderen Worten: nützliches Wissen ist relevanter als viel Wissen.[84] Dieses flüssige Wissen, stellt einen Teil des impliziten Wissens dar. Ergänzt wird das implizite Wissen durch den Aggregatzustand des dampfförmigen Wissens, welches überwiegend unbewusst auftritt und auch kaum kommunizierbar, und aus diesem Grund auch schwer einzufangen, ist.[85] Als Beispiel für implizites Wissen kann das

---

[77] Vgl. Pircher (2010), S. 19.
[78] Vgl. Keller/Kastrup (2009), S. 13.
[79] Vgl. North (2011), S. 47.
[80] Vgl. Nonaka/Takeuchi (1997), S. 73.
[81] Vgl. Grün (2011), S. 38.
[82] Vgl. Pircher (2010), S. 19.
[83] Vgl. Drucker (1993), S. 266.
[84] Vgl. Davenport/Prusak (1999), S. 35.
[85] Vgl. Pircher (2010), S. 19.

Erfahrungswissen genommen werden, das jemand besitzt.[86] Implizites Wissen ist persönliches Wissen eines Individuums – also eines einzelnen Menschen[87] - welches auf Idealen, Gefühlen und Werten des Einzelnen beruht.[88]

Diesen Unterschied zwischen explizitem und implizitem Wissen erkannte Polanyi schon im Jahr 1958 und sprach dem impliziten Wissen einen hohen Stellenwert zu, wenn es um den Prozess der Explizierung des impliziten Wissens geht.[89] Dieser Übergang von implizitem zu explizitem Wissen kann ein sehr mühevoller sein, da es Menschen mit singulären Erfahrungen in manchen Fällen nur schwer fertigbringen, diesen Teil ihres Wissens niederzuschreiben oder gar auszusprechen.[90] Der detaillierte Prozess der Transformation von Wissen wird im Kap. 2.5. (*Wissenstransfer und Wissensumwandlung*) beschrieben. Zum besseren Verständnis von dem, was als implizites und was als explizites Wissen verstanden wird, dient die nachfolgende Tabelle nach Nonaka und Takeuchi.

Implizites Wissen (subjektiv)	Explizites Wissen (objektiv)
Erfahrungswissen (Körper)	Verstandeswissen (Geist)
Gleichzeitiges Wissen (hier und jetzt)	Sequentielles Wissen (da und damals)
Analoges Wissen (Praxis)	Digitales Wissen (Theorie)

Tabelle 3: Zwei Typen von Wissen[91]

Die Unterscheidung in implizites und explizites Wissen kann nach Ansicht des Verfassers in der Theorie als allgemein gültige und anerkannte angesehen werden, da sich Autoren der jüngeren Geschichte, wie zum Beispiel Gerhards und Trauner[92] oder Gilbert[93], nach wie vor auf diese grundsätzliche Unterscheidung der Wissensdimensionen nach Nonaka und Takeuchi beziehen.

---

[86] Vgl. Nonaka/Takeuchi (1997), S. 73.
[87] Vgl. Österreichisches Wörterbuch (2006), S. 330.
[88] Vgl. North (2011), S. 47.
[89] Vgl. Polanyi (1985), S. 18ff.
[90] Vgl. Willke (2001), S. 13.
[91] Quelle: Nonaka/Takeuchi (1993), S. 73.
[92] Vgl. Gerhards/Trauner (2010), S. 8.
[93] Vgl. Gilbert (2011), S. 10.

Theoretisch kann durchaus noch ein Schritt tiefer in der Unterscheidung gegangen werden. So kann zwischen den Dimensionen implizit und explizit noch eine latente Ebene eingelagert werden.[94]. Eine weitere Möglichkeit der Unterscheidung ist, das Wissen in Kern- und Randwissen einzuteilen. Unter Kernwissen versteht man jenes Wissen, auf das ein Unternehmen seine Leistungen gründet. Randwissen ist hingegen unterstützend in der Entstehung und Gestaltung von Kernwissen, ist jedoch ohne das Kernwissen irrelevant.[95] Der Wissensbegriff kann weiters abgegrenzt werden in aktuelles und zukünftiges, Wissen, internes und externes Wissen[96] oder auch öffentliches und privates Wissen.[97] Wenn man sich die Unterscheidungsmöglichkeiten ansieht, bemerkt man, dass sich diese zum Teil überschneiden, weshalb – wie schon beim Begriff Wissen – eine scharfe Trennung von Begrifflichkeiten nicht möglich und auch nicht zweckmäßig, erscheint. So wird einerseits zwischen aktuellem und zukünftigem Wissen unterschieden[98], andererseits zwischen Erfahrungs- und Innovationswissen,[99] wobei sowohl die Begriffe zukünftiges Wissen wie auch Innovationswissen einen Bezug zu etwas Neuem implizieren. Eine weitere, tiefere Differenzierung der Wissensdimensionen wird aus Gründen der Grenzen des Verständnisses nicht als sinnvoll erachtet.

2.1.2. Erfahrungswissen

Über die Ansicht, dass Erfahrungen im praktischen handeln erworben und damit personengebunden, situativ und zudem schwer formalisierbar sind, besteht weitgehend eine einige Meinung.[100] Wissen, das aus Erfahrung stammt, ist ein wichtiger Baustein innerhalb eines ganzheitlichen Wissensmanagementkonzeptes, wird aber heutzutage noch oft unterschätzt.[101]

---

[94] Vgl. Wijnhoven (2006), S. 8.
[95] Vgl. Herbst (2000), S. 14.
[96] Vgl. Herbst (2000), S. 15f.
[97] Vgl. Willke (2001), S. 67f.; Vgl. North (2011), S. 44.
[98] Vgl. Herbst (2000), S. 15.
[99] Vgl. Kade (2004), S. 67.
[100] Vgl. Schulz (2009), S.16.
[101] Vgl. Probst/Raub/Romhardt (2003), S 189.

Erfahrungswissen entwickelt sich mit der Zeit und beinhaltet nicht nur Komponenten, die in Seminaren, aus Büchern oder von Trainern vermittelt werden, sondern oft auch informelle Inhalte. Erfahrung entsteht durch Experimente, also Versuche und Erprobungen, und bezieht sich immer auf frühere Handlungen und Ereignisse.[102] Erfahrungswissen verstärkt die Wissensstruktur des Unternehmens, weil es mit einer persönlichen Bedeutung verbunden ist.[103] Erfahrungen und Erfahrungswissen können als *"(...) durch Praxis erworbene Fähigkeiten sicherer Orientierung in Handlungs- und Sachzusammenhängen ohne Rekurs auf ein hiervon unabhängiges theoretisches Wissen."*[104] definiert werden. Die oftmalige Geringschätzung des dieses Wissens lässt sich eventuell mit der Problematik erklären, die Hürde der Identifikation von Erfahrungswissen zu nehmen, also festzustellen, welches Wissen wo vorhanden ist. Der daraus resultierende Wissensverlust für eine Organisation, wenn erfahrene Mitarbeiterinnen oder Mitarbeiter pensioniert werden oder eine Stelle wechseln, kann immens sein.[105] Es kann jedoch als durchaus problematisch angesehen werden, dass selbst einfache Erfahrungen ein gewisses Maß an Komplexität aufweisen und dass sie faktisch nicht dokumentierbar sind.[106] Obwohl Erfahrungswissen implizit ist, kann auch explizites Wissen mit einer Pensionierung oder mit einem Stellenwechsel einer Person verloren gehen, beziehungsweise nicht mehr vollständig genutzt werden.[107] Nicht nur die Komplexität der Materie, auch die Weigerung zur Weitergabe dieses Erfahrungswissens jedes Einzelnen, kann als negativer Einflussfaktor auf den Stellenwert des Erfahrungswissens gesehen werden.[108]

Die Diskussion um die Weitergabe von Erfahrungswissen stellt in weiterer Folge einen wesentlichen Aspekt dieser Studie dar. Im Laufe dieser Untersuchung werden Methoden der Identifikation und Bewahrung sowie des Transfers von

---

[102] Vgl. Davenport/Prusak (1999), S. 36.
[103] Vgl. Kade (2004), S. 67.
[104] Vgl. Schütt (2003), S. 32.
[105] Vgl. Ackermann (2009), o.S.
[106] Vgl. Schütt (2003), S. 33.
[107] Vgl. Ackermann (2009), o.S.
[108] Vgl. Fromm (2008), S. 24.

Erfahrungswissen in der Führungskräftenachfolge aufgezeigt. (Vgl. Kap. 2.8.1. *Ausgewählte Instrumente und Methoden des Wissensmanagement*)

2.1.3. Expertenwissen

Expertenwissen oder Expertise[109] wird von Personen getragen, die sich durch eine profunde Kenntnis ihres Spezialgebietes auszeichnen, vollkommen selbstorganisiert und intuitiv Probleme antizipieren sowie neue Lösungswege finden. Sie beherrschen das Management komplexer und neuartiger Aufgaben und liefern Beiträge zur Weiterentwicklung des Unternehmens.[110] Im Gegensatz zum Erfahrungswissen kann der Aufwand der Identifikation und Hebung dieses Expertenwissens sehr hoch sein, und der erwartete Ertrag im Verhältnis sehr klein. Meistens genügt es Expertenwissen zu identifizieren und bei Bedarf auf den zuständigen Experten zu verweisen.[111] Verabsäumt es ein Unternehmen eine Identifikation von Expertenwissen vorzunehmen, kann dies weitreichende Konsequenzen haben, sollte die Expertin oder der Experte einmal nicht mehr verfügbar sein.

Speziell Klein- und Mittelbetriebe hängen oft vom Wissen weniger Expertinnen und Experten ab.[112] Der Aufbau einer elektronischen Expertendatei kann helfen Expertenwissen im Unternehmen zu verankern.[113] Kritisch bemerkt werden muss jedoch, dass die effiziente Verwendung solcher Expertensysteme letztlich vom unternehmenskulturellen Umfeld abhängt, weshalb solche Systeme nicht unter- aber auch nicht überschätzt werden sollen.[114]

---

[109] Vgl. Gabler (1997), S.1252.
[110] Vgl. North/Reinhardt (2005), S. 54.
[111] Vgl. Probst/Raub/Romhardt (2003), S. 71.
[112] Vgl. Kirsch (2005), o.S.
[113] Vgl. della Schiava/Rees (1999), S. 162.
[114] Vgl. von der Oelsnitz/Hahmann (2003), S. 136.

2.1.4. Weitere Wissensarten

Neben Erfahrungs- und Expertenwissen gibt es eine Vielzahl weiterer Wissensarten. Baecker unterscheidet fünf Wissensarten: Produktwissen, gesellschaftliches Wissen, Führungswissen, Expertenwissen und Milleuwissen.[115] Kade stellt fest, dass „(...) Innovationen nicht aus dem Alten hervorgehen (...)"[116], womit Erfahrungswissen und Innovationswissen in offensichtlicher Opposition zueinander stehen. Im Gegensatz dazu schreibt North, dass Innovationsfähigkeit nicht altersgebunden ist und sich Innovation und Erfahrung nicht grundsätzlich ausschließen.[117]

2.1.5. Kompetenz

In der Literatur finden sich differenzierte Aufspaltungen des Kompetenzbegriffs. Weite Verbreitung gefunden hat die Unterteilung in Fach-, Sozial-, Methoden- und personale Kompetenz.[118] Der wirtschaftliche Zugang zum Kompetenzbegriff wird im Rahmen dieser Studie allerdings der sinnvollere sein. Gabler definiert den organisationalen Kompetenzbegriff im engeren Sinn mit der Befugnis, Maßnahmen zur Erfüllung von Aufgaben zu ergreifen, für deren Bewältigung der Kompetenzträger die Verantwortung trägt und unterscheidet drei Arten von Kompetenzen: Entscheidungskompetenzen, Realisationskompetenzen und Kontrollkompetenzen.[119]

Unter Kompetenz versteht man auch die Fähigkeit, situationsadäquat zu handeln. Kompetenzen werden manifestiert, wenn Wissen in Handlungen umgesetzt wird. Kompetenzen beschreiben die Relation zwischen Anforderungen und den Fähigkeiten und Potentialen, dieses gerecht zu werden.

---

[115] Vgl. Baecker (1999), S. 68ff. zit. nach: Porschen (2008), S. 47f.
[116] Kade (2004), S. 68.
[117] Vgl. North (2007), S. 19.
[118] Vgl. Gnahs (2010), S. 26.
[119] Vgl. Gabler (1997), S. 2176.

Kompetenzen konkretisieren sich im Moment der Wissensanwendung[120] Somit kann man folgendes festhalten. Wenn Wissen in richtige Handlungen mündet, entsteht Können. Wird dieses Können praktisch angewendet, so entsteht Kompetenz[121] wie auch in Abbildung 4 (*Wissenstreppe*) in Kap. 2.1 (*Wissen*) ersichtlich ist. Kompetenzen können sowohl in individueller Form auf Mitarbeiterebene angesiedelt sein, sie können aber – wie auch Wissen – in kollektiver Form vorkommen. So können beispielsweise bestimmte organisationale Routinen als kollektive Kompetenzen beschrieben werden.[122]

Im Rahmen dieser Studie spielt die Führungskompetenz eine wesentliche Rolle. Gemeint ist die Kompetenz, Mitarbeiterinnen oder Mitarbeiter und Fachleute angemessen führen zu können. Diese Führungskompetenz, also der kompetente Umgang mit Menschen, kann durch die eigene Weiterentwicklung der Führungskraft – durch lernen, Coaching oder durch Training – erreicht werden.[123] Dem Thema Lernen ist im weiteren Verlauf ein eigenes Kapitel gewidmet (Vgl. Kap. 2.2. *Lernen*).

Um Missverständnissen vorzubeugen gilt es, die Abgrenzung von Kompetenzen zu Qualifikationen vorzunehmen. Qualifikationen sind fertig ausgeprägte und von dritter Stelle bewertete und bestätigte Fähigkeiten einer Person.[124]

2.1.6. Wissensträger

Die Träger von Wissen können in drei große Kategorien unterteilt werden, personelle, materielle und kollektive Wissensträger. Unter personellen Wissensträgern versteht man Mitarbeiterinnen und Mitarbeiter eines Unternehmens oder externe unternehmensfremde Personen, wie Lieferanten

---

[120] Vgl. North/Reinhardt (2005), S. 29.
[121] Vgl. Herbst (2000), S. 11.
[122] Vgl. von der Oelsnitz/Hahmann (2003), S. 24.
[123] Vgl. Seebacher/Klaus (2004), S. 344.; Vgl. Reineck/Sambeth/Winklhofer (2011), S. 324.
[124] Vgl. North/Reinhardt (2005), S. 29.

oder Beraterinnen und Berater. Charakteristisch für personelle Wissensträger ist die Fach-, Methoden und Sozialkompetenz.

Unter materiellen Wissensträgern können Aufzeichnungen auf Datenträgern, Notizzetteln oder Fotos verstanden werden. [125] Nicht zu verwechseln ist in diesem Fall die Bezeichnung Wissensträger und Wissen. Wissen ist, wie in Kap. 2.1 (*Wissen*) bereits behandelt immer personengebunden, geprägt durch handeln und zweckgerichtet. Eine Informations- oder Kommunikationstechnologie kann daher nicht als Wissen bezeichnet werden. IKT kann nur als Daten- und Informationsträger dienen. Es besteht in diesem Zusammenhang sehr wohl das Problem, dass im Rahmen dieser Studie – speziell im Rahmen der Interviews – der Begriff Wissen an der einen oder anderen Stelle mit der lediglich übermittelnden Technologie verwechselt wird. Die dritte Kategorie kann unter dem Begriff kollektive Wissensträger subsummiert werden. Charakteristisch für kollektive Wissensträger sind entscheidungsnahe Problemlösungen, Strukturen, Werte, Normen und Emotionen. Kollektive Wissensträger können Projektgruppen oder Netzwerke sein, die durch Prozesse und Unternehmenskultur ihre Charakteristik entfalten.[126]

---

[125] Vgl. von der Oehlsnitz/Hahmann (2003), S. 103.
[126] Vgl. Daventport/Prusak (1999), S. 31.

Eine andere – rein unternehmensintern und personenbezogene Typisierung von Wissensträgern – liefert Probst/Raub/Romhardt wie in folgender Abbildung zu sehen ist.[127]

	Generalisten-wissen	Spezialisten-wissen
Wissen als Potenzial	Management-Trainee	Spezialist in einer zukünftigen Schlüssel-technologie
direkt verwertbares Wissen	Manager auf Zeit	Programmierer mit Spezial-kenntnissen

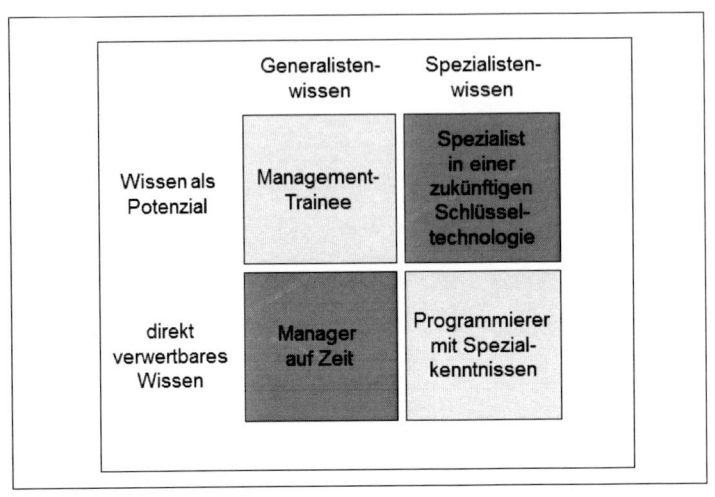

Abbildung 5: Typen von Wissensträgern[128]

In einer Matrix werden auf der X-Achse Wissen als Potenzial und direkt verwertbares Wissen aufgetragen[129], auf der Y-Achse befinden sich Generalistenwissen und Spezialistenwissen.[130] Diese Wissensträger finden sich allen vier Kombinationen auf sogenannten Wissensmärkten[131]. Die Theorie des Wissensmarktes geht auf Davenport und Prusak zurück und wird als System beschrieben, *(...) in dem die Teilnehmer ein knappes Gut gegen seinen derzeitigen oder zukünftigen Wert eintauschen.*[132] Wissensmärkte ermöglichen unter anderem den Erwerb externer Wissensträger, wie zum Beispiel über andere Firmen oder Stakeholder, deren direkt verwertbares Wissen sowohl als

---

[127] Vgl. von der Oehlsnitz/Hahmann (2003), S. 103.
[128] Quelle: Probst/Raub/Romhardt (2003), S. 95.
[129] Wissen als Potenzial und direkt verwertbares Wissen kann äquivalent gesehen werden zu der Unterscheidung von Herbst in aktuelles Wissen und zukünftiges Wissen.
[130] Generalistenwissen und Spezialistenwissen kann nicht gleichgesetzt werden mit Randwissen und Kernwissen, da sowohl Generalistenwissen als auch Spezialistenwissen Kernwissen oder Randwissen in einem Unternehmen darstellen kann.
[131] Vgl. Davenport/Prusak (1999), S. 67ff.
[132] Davenport/Prusak (1999), S. 68ff.

Generalistenwissen wie auch als Spezialistenwissen nutzbar gemacht werden kann[133] Als direkt verwertbares Wissen gelten auch Kooperationen mit Firmen, Schlüsselkunden oder strategische Allianzen, auch knowledge links genannt.[134]

Als problematisch wird allerdings die Unvollkommenheit dieser Wissensmärkte gesehen[135], die die Autoren des Modells der Wissensmärkte selbst als gegeben sehen. Wissensmärkte sind geprägt von Ineffizienzen, wie Monopole oder künstlich erzeugte Knappheiten und Intransparenzen, auch ein funktionierender Preismechanismus kann nicht identifiziert werden.[136] Im Laufe dieser Studie wird, aus eben beschriebenen Gründen, nicht näher auf das Modell der Wissensmärkte, sehr wohl aber auf die eben genannten Ineffizienzen, wie zum Beispiel das Not-invented-here-Syndrom[137], eingegangen. (Vgl. Kap. 2.2.2. *Lernschwächen* und Kap. 2.8. *Erfolgsfaktoren des Wissensmanagement*)

2.1.7. Organisationales/systemisches Wissen

Jedes Unternehmen kann als Organisation gesehen werden, also als Handlungsgefüge von Organisationsmitgliedern zur Realisierung eines Planes.[138] Als System wird häufig eine Menge von wechselseitig voneinander abhängigen Elementen und der Beziehung zueinander verstanden.[139] Je höher die Komplexität dieser Systeme ist, desto weniger kommt es aber auf die Beziehung der Elemente untereinander, sondern auf die Beziehungen der Elemente zum System an.[140] Eine steigende Systemkomplexität führt in weiterer Folge zu einer Steigerung der Komplexität der Systemumwelt, da ein System

---

[133] Vgl. Probst/Raub/Romhardt. (2003), S. 94.
[134] Vgl. Probst/Raub/Romhardt (2003), S. 104f.
[135] Vgl. Probst/Raub/Romhardt (2003), S. 113ff.
[136] Vgl. Trojan (2006), S. 74.
[137] Vgl. Probst/Raub/Romhardt (2003), S. 94. Beim Not-invented-here-Syndrom handelt es sich um die natürliche Abwehrreaktion gegen externes Wissen, welche oft stark emotional geprägt ist. Neue Mitarbeiterinnen und Mitarbeiter mit ungewöhnlichem Profil (zum Beispiel Frauen im Topmanagement) müssen große Barrieren überwinden. Oft konkurrieren auch Ideen von externen Expertinnen oder Experten mit internen Studien.
[138] Vgl. Steinmann/Schreyögg (2005), S. 11.
[139] Vgl. Gabler (1997), S. 3693.
[140] Vgl. Willke (2000), S. 129.

zwar operativ – also an der Innenseite des Systems – geschlossen ist, an seiner Außenseite aber mit der Systemumwelt interagiert.[141]

Wie bereits behandelt, sprechen Nonaka und Takeuchi davon, dass Wissen seinem Wesen nach mit menschlichem Handeln verbunden ist[142], was demnach jedoch nicht bedeutet, dass es ausschließlich auf einzelne Individuen beschränkt ist. Es ist in der Tat schwer vorstellbar, dass es Wissen gibt, das nicht ausschließlich in den individuellen Köpfen von Menschen gespeichert ist, sondern in den Organisationsformen eines sozialen Systems, wie zum Beispiel eines Unternehmens. Dieses organisationale oder systemische Wissen steckt „(...) in den personenunabhängigen, anonymisierten Regelsystemen, welche die Operationsweise eines Sozialsystems definieren".[143] Gänzlich personenunabhängig ist das systemische Wissen jedoch nicht, da es in seiner kommunikativen Aktivierung immer auf irgendwelche Personen, also Organisationsmitglieder, angewiesen ist.[144] Leichter verständlich wird es, wenn man sich dieses systemische Wissen als Standardverfahren einer Organisation, wie Leitlinien, Routinen, Traditionen, Mythen und Organisationskultur vorstellt.[145] Das Wissen wird zwar von Individuen getragen, jedoch existiert es nur, wenn diese innerhalb eines Systems miteinander kooperieren. Die Tatsache der Existenz von organisationalem Wissen bestätigt wiederum die Komplexität des Wissensbegriffes.

Aufbauend auf die Begriffshierarchie (Anm.: Zeichen-Daten-Information-Wissen) aus Kap. 2.1 (*Wissen*) lässt sich der Aufbau einer systemischen Wissensbasis grafisch darstellen.

---

[141] Vgl. Luhmann (2002), S. 92ff.
[142] Vgl. Nonaka/Takeuchi (1997), S. 71.
[143] Willke (1998), S. 166.
[144] Vgl. Willke (2001), S. 104.
[145] Vgl. Willke (1998), S. 166.

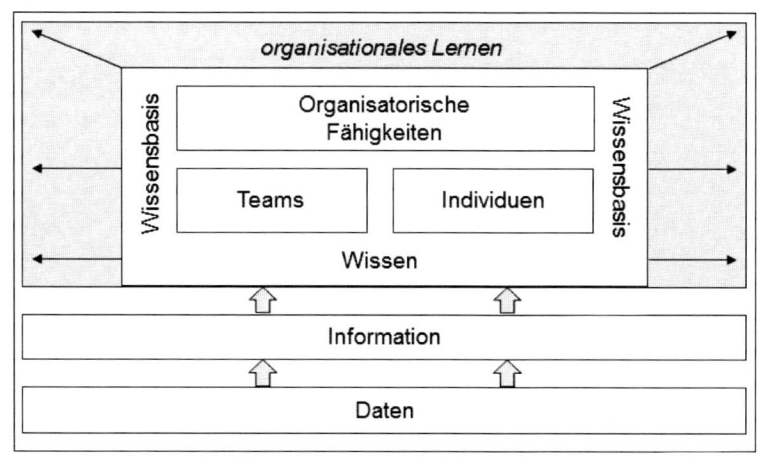

Abbildung 6: Aufbau der organisationalen Wissensbasis[146]

Diese organisationale Wissensbasis entsteht, wenn ein Unternehmen, eine Bank, eine Universität etc. als System lernt.[147] Es ist zu erkennen, dass es für Unternehmen wesentlich ist, sich dieser organisationalen Wissensbasis bewusst zu werden, welche aus der Kombination von kollektivem und individuellem Wissen der Wissensträger entsteht. Diese organisationale Wissensbasis darf allerdings nicht statisch gesehen werden. Individuelles Wissen, welches der Organisation zugänglich ist, zählt zur aktuellen Wissensbasis. Wissen, welches der Organisation nicht zugänglich ist, wie etwa privates Wissen von Mitarbeiterinnen und Mitarbeitern, bildet eine latente Wissensbasis der Organisation. Eine gewisse Latenz der Wissensbasis besteht auch dann, wenn es beispielsweise um Metawissen geht. Die Organisation weiß dann, wo relevantes Wissen lagert, hat aber aktuell noch keinen Zugriff darauf.[148] Trotz dieser Latenz bildet die organisationale Wissensbasis die Grundlage für organisationales Lernen, welches in Kap. 2.2.1 (*Individuelles und organisationales Lernen*) behandelt wird.

---

[146] Quelle: Probst/Raub/Romhardt (2003), S. 15.
[147] Vgl. Willke (2001), S. 41.
[148] Vgl. von der Oelsnitz/Hahmann (2003), S. 108.

Es lässt sich daher festhalten, dass Wissen organisational wird, wenn verhindert wird, dass das Wissen, das sich in den Köpfen einzelner Mitarbeiterinnen und Mitarbeiter befindet, mit deren Ausscheiden aus dem System verloren geht.[149] Organisationen können aber auch Wissen direkt darstellen, etwa in unternehmensinternen Abläufen oder Verfahren.[150]

Kritisch muss in diesem Zusammenhang die Problematik der operativen Geschlossenheit von Organisationen gesehen werden. Wenn Manager über die Organisation oder das Unternehmen sprechen, haben sie meist das Gebäude und die Mitarbeiter im Kopf. Das System Unternehmen umfasst aber noch sehr viel mehr.[151] Organisationen sind keine geschlossenen, sondern offene Systeme, sie haben Verbindungen zu ihrer Systemumwelt, wie etwa Kundinnen und Kunden, Lieferantinnen und Lieferanten, Märkten oder Beraterinnen und Beratern.[152] Die Systemgrenze liegt irgendwo jenseits der Organisation. Durch das System wird intersubjektiv abgetrennt, was innerhalb und was außerhalb der Grenze ist, beziehungsweise was als systemisch sinnvoll und was als sinnlos zu gelten hat.[153] Aufgrund dieser nicht eindeutig definierten Grenze des Systems und der Tatsache, dass die Dynamik des Systems immer zu wechselseitigen Abhängigkeiten im System führt, lässt sich sagen, dass es nie eine einzige richtige Antwort auf alle Fragen geben wird. Die systemische Betrachtung eröffnet vielmehr eine breite Palette von Handlungsmöglichkeiten, die zu einigen erwünschten Ergebnissen mit unterschiedlicher Hebelwirkung, aber auch zu unbeabsichtigten Konsequenzen in anderen Systembereichen führen wird.[154]

---

[149] Vgl. Argyris/Schön (2008), S. 27.
[150] Vgl. Argyris/Schön (2008), S. 28.
[151] Vgl. Meyer (2012), S. 14.
[152] Vgl. Willke (2005), S. 143.
[153] Vgl. Willke (2006), S. 44.
[154] Vgl. Senge u.a. (2008), S. 104.

2.1.8. Der Wissensbegriff in dieser Studie

Definitionen und Erklärungsversuche für Wissen ist gibt es viele, was natürlich und nicht negativ ist. Einige davon wurden weiter oben in dieser Studie schon vorgestellt. Für die Beantwortung der Forschungsfragen und zur Erreichung des Forschungszieles ist eine zu komplexe Definition und eine zu detaillierte Untergliederung von dem, was Wissen ist, wie etwa die weitere Untergliederung des Begriffes des impliziten Wissens in eine funktionale und phänomenale Struktur oder einen semantischen und ontologischen Aspekt[155], nicht zielführend. Im Rahmen der explorativen Befragungen der Führungskräfte handelt es sich keinesfalls um Expertinnen und Experten auf dem Gebiet des Wissensmanagements. Es kann auch zuvor nicht abgeschätzt werden, welches theoretische Kenntnisniveau von Wissen in den zu befragenden Unternehmen vorherrscht. Aus der Literatur gibt es Erfahrungswerte, die belegen, dass eine weit gefasste Definition, im Hinblick auf das Zusammentreffen mit unterschiedlichen Organisationen, zielführender ist, da Unternehmen oft schon mit der Differenzierung von Daten, Information und Wissen Schwierigkeiten haben.[156] Es wird deshalb darauf abgezielt, eine Definition zu finden, die auch für Nicht-Expertinnen und Nicht-Experten nachvollziehbar und schlüssig erscheint. Der Autor lehnt sein Verständnis von Wissen an die Definition von Willke und Nonaka und Takeuchi an und baut seinen Wissensbegriff auf die zuvor vorgestellte Begriffshierarchie von Probst/Raub/Romhardt und die Wissenstreppe von North auf. Die Unterscheidung in Daten, Information und Wissen wird übernommen, da nahezu alle Autoren der jüngeren Geschichte mit dieser Diversifikation konform gehen. Wissen entsteht aus Zeichen und Daten und ist die personengebundene Ressource[157], die entsteht, wenn man eine Information mit Erfahrung verbindet. Hinzuzufügen ist noch, dass Wissen durch Lernen entsteht (Vgl. Kap. 2.2. *Lernen*)

---

[155] Vgl. Polanyi (1985), S. 19ff.
[156] Vgl. Davenport/Prusak (1999), S26.
[157] Vgl. Probst/Raub/Romhardt (2003), S. 23.; Vgl. della Schiava/Rees (1999), S. 31.

Diese Arbeitsdefinition von Wissen steht etwas im Widerspruch zu der Ansicht von Snowden, der in seinem HANSE-Modell Erfahrung nur als einen Teil des Wissens ansieht.[158] Nach Ansicht Snowdens kann Wissen in fünf Faktoren unterteilt werden, deren expliziter und impliziter Anteil aber variieren kann. Man unterscheidet in diesem Modell Heuristiken, Artefakte, natürliche Begabung, persönliche Skills, also Fähigkeiten und Erfahrungen.[159] Der Widerspruch zum Modell von Snowden wird im Rahmen dieser Studie jedoch aus den zuvor erwähnten Gründen der Verständlichkeit als vernachlässigbar angesehen. Die in Kap. 2.1. (*Wissen*) dokumentierte Abgrenzung des Wissensbegriffes von oft genannten Synonymen, wie Informationen und Daten sowie vom religiösen Glauben und vom Begriff der Macht wird auch im Rahmen dieser Untersuchung als sinnvoll erachtet, da damit der herrschenden Meinung entsprochen wird.

2.2. Lernen

Bevor im weiteren Verlaufe dieser Studie auf das Wissensmanagement und den Wissenstransfer eingegangen wird, ist es sinnvoll, einen Blick auf das Lernen – als Weg zum Wissen, und in weiterer Folge zum Wissensmanagement[160] – zu werfen.[161] Lernen ist ein komplexer, vielschichtiger Prozess, der sowohl auf der individuellen, als auch auf der kollektiven Ebene vollzogen werden kann.[162] Es ist der zentrale Einstiegsprozess in das Wissensmanagement.[163] Denn, wenn nicht gelernt wird, gibt es nichts, was bewahrt, verteilt und genutzt werden könnte.[164] (Vgl. Kap. 2.4.1. *Bausteine des Wissensmanagements*). Lernen im systemischen Kontext kann als Anpassung eines komplexen Systems an Umweltbedingungen definiert werden.[165] Wissen lässt sich durch lernen aneignen. Lernen ist also ein Prozess, bei dem als Ergebnis Wissen steht.[166]

---

[158] Vgl. Gronau (2005), S. 12.
[159] Vgl. Gronau (2005), S. 12.
[160] Vgl. Herbst (2000), S. 50.
[161] Vgl. Willke (2001), S. 39f.
[162] Vgl. Falk (2007), S. 34f.
[163] Vgl. von der Oelsnitz/Hahmann (2003), S. 63.
[164] Vgl. von der Oelsnitz/Hahmann (2003), S. 63.
[165] Vgl. Willke (2007), S. 48.
[166] Vgl. Willke (2007), S. 48.

Lernen kann aber, nach der Definition von Argyris/Schön, auch als Ergebnis gesehen werden. Wenn man zum Beispiel Lehren aus der Erfahrung zieht, dann sind diese Lehren das Lernergebnis und das Lehrenziehen der Prozess.[167]

Komplexe Systeme lernen immer, da es für sie unvermeidlich ist. Jede Art von Praxis erzeugt irgendeine Form von lernen[168], womit man festhalten kann, dass lernen keineswegs ausschließlich positiv oder produktiv sein muss. Lernen kann ebenfalls destruktiv sein.[169] Deshalbmuss man sich auch mit der Notwendigkeit des Verlernens und des Vergessens in einem Unternehmen beschäftigen.[170] Unternehmen müssen in der Lage sein, sich von Erlerntem zu entledigen, indem sie beispielsweise ungenützte Patente veräußern, um wettbewerbsfähig zu bleiben und – so paradox es klingt – Wissen bewahren zu können. Durch gezieltes Management müssen die bewahrungswürdigen Ereignisse, Personen und Prozesse selegiert, gespeichert und zur Sicherung des organisatorischen Gedächtnisses laufend aktualisiert werden.[171]

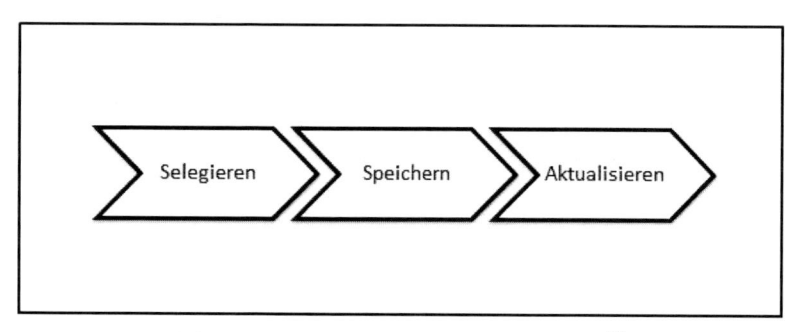

Abbildung 7: Hauptprozesse der Wissensbewahrung[172]

Auch personelle Wissensträger müssen sich des Wissens entledigen, das ihnen für ihre eigene Tätigkeit nicht mehr nützlich erscheint, sie müssen es also

---

[167] Vgl. Argyris/Schön (2008), S. 19.
[168] Vgl. Willke (2007), S. 48.
[169] Vgl. Willke (2007), S. 49.
[170] Vgl. von der Oelsnitz/Hahmann (2003), S. 164.
[171] Vgl. Probst/Raub/Romhardt (2003), S 193.
[172] Quelle: Probst/Raub/Romhardt (2003), S. 193.

verlernen.[173] Zur Thematik der Wissensbewahrung wird in Kap. 2.4.1 (*Bausteine des Wissensmanagements*) näher Stellung bezogen.

2.2.1. Individuelles und Organisationales Lernen

Individuelles Lernen entsteht, wenn die aufgenommenen Daten und Informationen in den Köpfen der Einzelnen in Wissen umgewandelt werden.[174] Bis in die Siebzigerjahre war die weit verbreitete Meinung, dass ausschließlich Individuen in der Lage sind zu lernen, weil auch nur das Individuum denken, argumentieren und seine Meinung vertreten kann.[175]

In den vorangegangenen Kapiteln dieser Studie wurde bereits über die Fähigkeit von Organisationen gesprochen, Wissen zu generieren. Es lässt sich aus dieser Tatsache ableiteten, dass es daher auch organisationales Lernen gibt, wie in Kap. 2.2 (*Lernen*) bereits kurz ausgeführt wurde.

Dieses organisationale Lernen definiert sich für Argyris/Schön wie folgt.

> *„Organisationales Lernen findet statt, wenn einzelne in einer Organisation eine problematische Situation erleben und sie im Namen der Organisation untersuchen. Sie erleben eine überraschende Nichtübereinstimmung zwischen erwarteten und tatsächlichen Aktionsergebnissen und reagieren darauf mit einem Prozeß von Gedanken und weiteren Handlungen; dieser bringt sie dazu, ihre Vorstellungen von der Organisation oder ihr Verständnis organisationaler Phänomene abzuändern und ihre Aktivitäten neu zu ordnen, damit Ergebnisse und Erwartungen übereinstimmen, womit sie die handlungsleitende Theorie von Organisationen ändern. Um organisational zu werden, muß das Lernen, das sich aus Untersuchungen*

---

[173] Vgl. Von der Oelsnitz/Hahmann (2003), S. 163f.
[174] Vgl. Stieler-Lorenz/Paarmann (2004), S. 178.
[175] Vgl. Argyris/Schön (2008), S. 20.

in der Organisation ergibt, in den Bildern der Organisation verankert werden, die in den Köpfen ihrer Mitglieder und/oder den erkenntnistheoretischen Artefakten existieren (den Diagrammen, Speichern und Programmen), die im organisationalen Umfeld angesiedelt sind."[176]

Zusammengefasst kann man sagen, dass sich diese Definition des organisationalen Lernens mit der grafischen Darstellung der von Probst/Raub/Romhardt in Abbildung 6 deckt, wodurch die organisationale Wissensbasis aus der Kombination von Individuen, Teams und organisatorischen Fähigkeiten zu verstehen ist.

Man muss sich beim Thema des organisationalem Lernens jedoch der Problematik bewusst sein, dass man in Organisationen auf unterschiedliche Lernniveaus trifft.[177] Grundsätzlich lassen sich Einschleifen-Lernen und Doppelschleifen-Lernen unterscheiden.[178] Einschleifen-Lernen stellt den bestehenden Handlungsrahmen, die Ziele und Prämissen des organisationalen Handelns nicht in Frage. Es wird im Prinzip immer dieselbe Lernschleife durchlaufen. Dieses Lernen ermöglicht eine betriebliche Effizienzsteigerung, durch das Abstellen routinemäßiger Fehler.[179] Doppelschleifen-Lernen hingegen bedeutet Erneuerungslernen. Es führt zur Gewinnung neuer Einsichten und bewirkt letztlich eine fundamentale Veränderung des organisatorischen Handlungsrahmens. Es zielt vor allem auf die Effektivität, das heißt die Zielerreichung des unternehmerischen Handelns, ab.[180] Etwas leichter verständlich werden die Unterschiede anhand der folgenden Grafik von Nonaka/Takeuchi.

---

[176] Argyris/Schön (2008), S. 31f.
[177] Vgl. von der Oelsnitz/Hahmann (2003), S. 72.
[178] Vgl. Argyris/Schön (2008), S. 35ff.
[179] Vgl. von der Oelsnitz/Hahmann (2003), S. 72.
[180] Vgl. von der Oelsnitz/Hahmann (2003), S. 73.

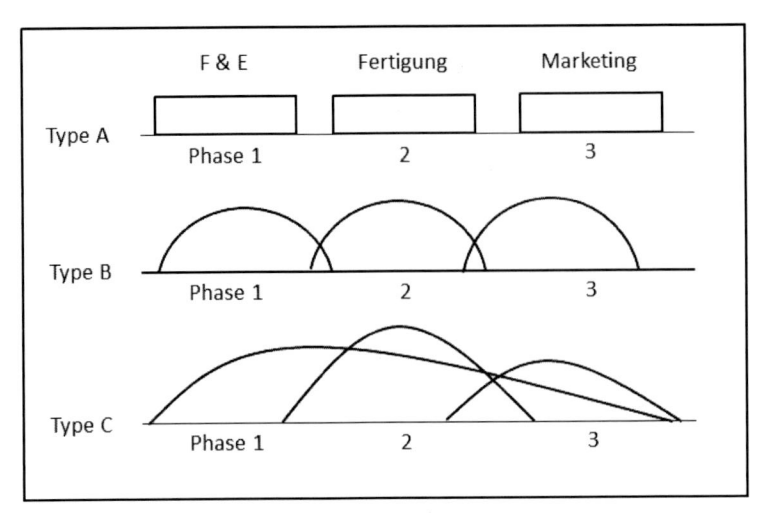

Abbildung 8: Phasen der Entwicklung[181]

Mit Type A lässt sich das Modell des Einschleifen-Lernens erklären. Durch das – hier abteilungsinterne – Lernen werden Fehler reduziert und die Effizienz gesteigert. Die Typen B und C stellen Doppel-, beziehungsweise Mehrschleifen-Lernen dar. Diese Fluktuation des Lernens über die Abteilung hinaus führt zu einem Zusammenbruch von Routineabläufen und Gewohnheiten und ermöglicht die Öffnung des Systems. Diese daraus resultierenden positiven Redundanzen[182] können zur Verbesserung der organisationalen Wissensbasis genutzt werden, indem einzelne etwa ihren Platz im Unternehmen besser verstehen und so umgekehrt in der Orientierung ihres Handelns leichter eingeordnet werden können.

Es muss jedoch durchaus kritisch betrachtet werden, dass die Methode der Bildung von Redundanzen auch ihre Gefahren und Probleme mit sich bringt. Durch Redundanzen entsteht eine erhöhte Menge an Information, welche wiederum zu einer Überlastung führen kann. (Vgl. Kap. 2.2.2. *Information*

---

[181] Quelle: Nonaka/Takeuchi (1997), S. 93.
[182] Vgl. Nonaka/Takeuchi (1997), S. 96f: Mit Redundanzen werden oft unangenehme Assoziationen verbunden, wie Verdoppelung, Verschwendung oder Informationsüberlastung. Mit positiver Redundanz ist aber ein absichtliches Überschneiden von Informationen über geschäftliche Tätigkeiten, Managementaufgaben und das Unternehmen als Ganzes, gemeint.

overload) Der richtigen Balance zwischen Schaffung und Besitz von Informationen kommt deshalb eine wichtige Bedeutung zu. Es ist in diesem Fall notwendig zu wissen, wo im Unternehmen Informationen lokalisiert werden können und wo das Wissen gespeichert ist.[183]

2.2.2. Lernschwächen

Neben der Lokalisierung und dem balancierten Umgang mit Informationen ist es auch nötig, Lernschwächen zu identifizieren, um organisationales Lernen überhaupt zu ermöglichen.[184] Die Führungs- und Planungsmethoden und die Denk- und Interaktionsweisen heutiger Unternehmen verursachen fundamentale Lernhemmnisse. Wenn die Denkweise von Führungskräften von kurzfristigen Ereignissen beherrscht wird, wird es nicht möglich sein, generatives Lernen zu fördern. Bestenfalls sind diese Unternehmen in der Lage, ein bevorstehendes Ereignis vorauszusagen und optimal darauf zu reagieren. Die nötige Anpassungsfähigkeit auf Langfristiges und strategisch Entscheidendes geht diesen Unternehmen jedoch verloren.[185] Die meisten Unternehmen sind sich dieser Lernbehinderung gar nicht bewusst.[186] Folgende Ursachen für Lernschwächen in Organisationen können am häufigsten beobachtet werden.[187]

2.2.2.1. Strategische Kurzsichtigkeit

Unternehmen, die derzeit erfolgreich sind, scheuen die hohen Ausgaben für die Entwicklung oder den Kauf neuen Wissens und erkennen nicht, dass in der Gegenwart die Basis für den Erfolg der Zukunft gelegt wird. Die Ausbeutung

---

[183] Vgl. Nonaka /Takeuchi (1997), S. 97.
[184] Vgl. von der Oelsnitz/Hahmann (2003), S. 93.
[185] Vgl. Senge (2011), S. 34.
[186] Vgl. Willke (2005), S. 178.
[187] Vgl. von der Oelsnitz/Hahmann (2003), S. 89.

bestehender Wissensbestände ist vergleichsweise preiswert und in ihrem Nutzen sicher.[188]

2.2.2.2. Information overload

Eine explosionsartige Vermehrung des Wissens – wie etwa durch starke negative Redundanzen – bewirkt, dass oft nur ein Bruchteil der verfügbaren Informationen aufgenommen wird, da die menschliche Aufnahmekapazität begrenzt ist. Dies kann dazu führen, dass zwar gelernt wird, jedoch die Lernqualität eine vergleichsweise niedrige ist.[189]

2.2.2.3. Fehlselektionen

Wenn gelernt wird, dann filtern die Akteure Informationen nach ihrer persönlichen Relevanz. Informationen, die sich in das bestehende Weltbild einfügen, werden stärker gewichtet als jene, die mit den eigenen Überzeugungen unverträglich sind. Auf diese Weise wird vieles nicht gelernt, was von der bisherigen Denkweise abweicht.[190]

2.2.2.4. Persönliche Defizite und Rollenzwänge

Der Austausch von Informationen hängt von der Kommunikationsfähigkeit und vor allem von der Kommunikationsbereitschaft der Beteiligten ab. Ungeeignete oder nicht vorhandene Rollendefinitionen und Rollenzwänge können die Lernbereitschaft behindern, wenn Mitarbeiterinnen und Mitarbeiter zum Beispiel sich lediglich als ausführendes Subjekt begreifen.[191]

---

[188] Vgl. von der Oelsnitz/Hahmann (2003), S. 90.
[189] Vgl. von der Oelsnitz/Hahmann (2003), S. 90.
[190] Vgl. von der Oelsnitz/Hahmann (2003), S. 90.
[191] Vgl. von der Oelsnitz/Hahmann (2003), S. 91.

2.2.2.5. Permanenter Erfolg / defensive Strategien

Ein wichtiger Motor ist das Lernen aus Fehlern. In diesem Zusammenhang haben Führungskräfte oft Schwierigkeiten, da diese aufgrund ihres beruflichen Erfolges es nicht gewohnt sind, Fehler und Irrtümer produktiv für sich zu nutzen. Der hohe Anspruch an sich selbst und übertriebenes positives Denken führen zu sogenannten defensiven Strategien, mit denen die eigene Verantwortung für Fehler zurückgewiesen wird.[192]

2.2.2.6. Status- und Kulturgrenzen

Innerbetriebliche Subkulturen stellen Grenzen der Informations- und Wissensübertragung dar, da unterschiedliche Professionen ihre Bedeutung für den Unternehmenserfolg überbewerten, beziehungsweise die Beiträge anderer Bereiche unterbewerten.[193]

2.2.2.7. Lernfeindliche Strukturen und Kulturen

Lange Dienstwege, starre Hierarchien und Kontrolle fördern risikoscheues Verhalten. Eigeninitiative und internes Unternehmertum werden unterdrückt, Lernerfahrungen *on the job* werden kaum zugelassen. Information wird als knappes, wertvolles Gut betrachtet.[194]

2.2.2.8. Mikropolitische Interessen

Die veränderten Verhaltensanforderungen durch Lernen werden von vielen Unternehmensangehörigen als Bedrohung empfunden. Eine wichtige Ursache

---

[192] Vgl. von der Oelsnitz/Hahmann (2003), S. 91.
[193] Vgl. von der Oelsnitz/Hahmann (2003), S. 91.
[194] Vgl. von der Oelsnitz/Hahmann (2003), S. 91.

für Lernschwächen einer Organisation sind demnach persönliche und gruppenbezogene Egoismen sowie die Angst vor einem schleichenden Bedeutungsverlust der eigenen Position.[195]

Es lässt sich somit sagen, dass es sich beim Thema Lernen tatsächlich um eine sehr komplexe Materie handelt, speziell wenn es sich nicht mehr um individuelles, sondern um organisationales Lernen handelt. Es gestaltet sich als schwierig, Veränderungen der organisationalen Wissensbasis zu erkennen und zu bewerten.[196] Die Praxis zeigt, dass es nicht nur viele Lerngelegenheiten gibt, sondern genauso viele Lernschwächen, weshalb es wichtig ist, den organisationalen Lernprozess kritisch zu analysieren und die bestehenden Lernhemmnisse aufzudecken.[197]

2.2.3. Die lernende Organisation

Wenn organisationales Lernen - unter Ausschaltung von den soeben behandelten Lernschwächen – vollzogen wird, kann am Ende die Vision einer lernenden Organisation stehen.[198] Senge spricht von den fünf Disziplinen, Personal Mastery, mentale Modelle, gemeinsame Vision, Team-Lernen und systemisches Denken, die eine lernende Organisation ausmachen.[199] Die lernende Organisation kann wohl als höchste Stufe des unternehmerischen Umgangs mit Wissen, beziehungsweise als höchste Stufe des unternehmerischen Wissensmanagements gesehen werden, weshalb eine kurze Vorstellung der fünf Disziplinen hier als sinnvoll erachtet wird.

---

[195] Vgl. von der Oelsnitz/Hahmann (2003), S. 92.
[196] Vgl. Willke (2001), S. 41.
[197] Vgl. von der Oelsnitz/Hahmann (2003), S. 93.
[198] Vgl. Falk (2007), S. 38.
[199] Vgl. Senge (2011), S. 153ff.

2.2.3.1. Systemisches Denken

Die Voraussetzung für eine lernende Organisation ist das Systemdenken.[200] Die Disziplin des Systemdenkens zielt darauf ab, Ganzheiten zu erkennen. Durch das Systemdenken wird die Voraussetzung geschaffen, Wechselbeziehungen zu verstehen und Veränderungsmuster zu wahrzunehmen.[201] Als Gegensatz zum systemischen Denken könnte man das Einschleifen-Lernen oder das Type A-Lernen aus Abbildung 8 als Beispiel betrachten.

2.2.3.2. Personal Mastery

Unter Personal Mastery versteht Senge, dass man an das Leben herangeht, wie an ein schöpferisches Werk und dass man eine kreative, im Gegensatz zu einer reaktiven Lebensauffassung vertritt.[202] Jeder Mensch soll seine persönliche Vision entwickeln und sich auf seine tiefsten intrinsischen Bedürfnisse konzentrieren.[203] Unternehmerisch begünstigt werden kann die Personal Mastery, wenn eine Organisation eine Unternehmensumwelt schafft, in der die Mitglieder gefahrlos Visionen entwickeln und erforschen können.[204] Die Schwierigkeit bei dieser Disziplin besteht hauptsächlich darin, dass Organisationen versuchen, Personal Mastery bei ihren Mitgliedern allzu aggressiv voranzutreiben und zu verordnen.[205]

2.2.3.3. Mentale Modelle

Die Disziplin mentale Modelle behandelt die persönlichen Grundannahmen der Erklärung der Welt und der Entwicklung einer neuen unternehmerischen

---

[200] Vgl. Senge (2011), S. 251.
[201] Vgl. Senge (2011), S. 86.
[202] Vgl. Senge (2011), S. 155.
[203] Vgl. Senge (2011) S. 161f.
[204] Vgl. Senge (2011), S. 191.
[205] Vgl. Senge (2011), S. 190.

Weltanschauung. Dies kann zum Beispiel durch das Erkennen der Unterschiede zwischen dem was man sagt und dem was man tut geschehen.[206] Das Zusammenwirken von Werkzeugen, die persönliches Bewusstwerden und die Fähigkeit zur Reflexion[207] fördern, Infrastrukturen, die einen regelmäßigen Umgang mit mentalen Modellen ermöglichen und eine Unternehmenskultur, die das kritische Hinterfragen des Unternehmensdenkens unterstützt, sind die Schlüssel zu mentalen Modellen.[208]

2.2.3.4. Gemeinsame Vision

Eine gemeinsame Vision ist durch Ideen inspiriert.[209] Sehr einfach lässt sich eine gemeinsame Vision mit der Antwort auf die Frage beschreiben: *„Was wollen wir erschaffen?"*. Gemeinsame Visionen sind Bilder, die von den Mitgliedern der Organisation geteilt werden und ein Gefühl von Gemeinschaft und Begeisterung erzeugen.[210] Speziell bei der Disziplin der gemeinsamen Vision spricht Senge wieder von der absoluten Notwendigkeit des systemischen Ansatzes.[211] *„Die Vision zeigt das Bild der Zukunft, auf die wir uns zubewegen wollen. Das Systemdenken macht deutlich, wie wir dorthin gelangt sind, wo wir augenblicklich stehen."[212]*

2.2.3.5. Team-Lernen

Durch Team-Lernen werden Ressourcen geschont. Ein Merkmal eines schlecht ausgerichteten Teams ist die Verschwendung von Energie. Es mag sein, dass die einzelnen Teammitglieder sehr hart arbeiten, aber ihre Anstrengungen

---

[206] Vgl. Senge (2011), S. 193ff.
[207] Vgl. Willke (2006), S. 99.
[208] Vgl. Senge (2011), S. 202.
[209] Vgl. Senge (2011), S. 226.
[210] Vgl. Senge (2011), S. 226.
[211] Vgl. Senge (2011), S. 251.
[212] Senge (2011), S. 251.

werden nicht in eine Teamanstrengung übersetzt.²¹³ Die Notwendigkeit von Team-Lernen ist in Organisationen noch nie so groß gewesen wie heute. Teams werden zunehmend zur wichtigsten Lerneinheit in Unternehmen.²¹⁴

Die lernende Organisation stellt eine idealtypische Organisation dar, die auch über Mitglieder und Führungskräfte verfügt, die in der Lage sind, die fünf Disziplinen zu bewältigen. Senge selbst spricht vom Geist der lernenden Organisation. Er ist sich auch der kleinen bis jetzt existierenden Anzahl an Führungskräften bewusst, die zu einem radikalen Wandel der Unternehmensphilosophie bereit sind und die lernende Organisation wahr werden lassen.²¹⁵ Auch lassen an einigen Stellen die Erklärungsversuche, warum die lernende Organisation ein Zukunftsmodell ist, zu wünschen übrig. Senge beantwortet die Frage: *„Warum wollen wir Personal Mastery?"*, mit: *„Wir wollen sie, weil wir sie wollen."²¹⁶*. Wenn man sich jedoch die Lernschwächen aus Kap. 2.2.2. (*Lernschwächen*) ansieht, so lassen sich sehr wohl folgende oppositionelle Paare finden.

Lernschwäche	oppositionelle Disziplin
Strategische Kurzsichtigkeit	Gemeinsame Vision
Information overload	Team-Lernen
Fehlselektion	Mentale Modelle
Persönliche Defizite und Rollenzwänge	Team-Lernen
Defensive Strategien	Personal Mastery/Mentale Modelle
Status- und Kulturgrenzen	Team-Lernen/Gemeinsame Vision
Lernfeindliche Strukturen und Kulturen	Team-Lernen/Mentale Modelle
Mikropolitische Eigeninteressen	Personal Mastery/Gemeinsame Vision

Tabelle 4: Lernschwächen und lernende Organisation²¹⁷

---

[213] Vgl. Senge (2011), S. 255.
[214] Vgl. Senge (2011), S. 257f.
[215] Vgl. Senge (2011), S. 153.
[216] Senge (2011), S. 158.
[217] Quelle: eigene Darstellung.

Es muss abschließend festgehalten werden, dass die Gegenüberstellung von Lernschwächen und einzelnen Teildisziplinen der lernenden Organisation bei genauerer Betrachtung womöglich noch weitere oder andere Disziplinen berührt und einschließt. Zur Erfassung des Zusammenhanges der vorangegangenen von empirisch bestätigten Lernschwächen[218] einerseits und der fünf Disziplinen andererseits kann die Tabelle allerdings dienen. Dies lässt sich auch durch Überschneidungen der lernenden Organisation mit den acht Erfolgsfaktoren für besonders erfolgreiche und innovative Unternehmen nach Peters und Waterman feststellen. So schreibt Senge *von gemeinsamer Vision* und *Personal Mastery*, Peters und Waterman sprechen von s*ichtbar gelebten Wertesystem* und *Freiraum für Unternehmertum.*[219]

2.3. Management

Als Management werden Tätigkeiten bezeichnet, die von Führungskräften in allen Bereichen der Unternehmung in Erfüllung ihrer Führungsaufgabe zu erbringen sind.[220] Der Begriff des Managements hat sich in den letzten Jahrzehnten stark gewandelt. Management besteht nicht mehr in der Arbeitsvorbereitung, Aufgabenverteilung und Koordinierung des Tagesgeschäftes, sondern darin,

> „Rahmenbedingungen zu schaffen, die es normal intelligenten Mitarbeiterinnen und Mitarbeitern ermöglichen, ihre Aufgaben selbstständig und effizient zu erfüllen."[221]

Für Drucker ist Management mehr als nur die Führung eines Unternehmens.[222] Er beschreibt den Manager als *„(...) verantwortlich für die Anwendung und die*

---

[218] Vgl. von der Oelsnitz/Hahmann (2003), S. 89.
[219] Vgl. Peters/Waterman (2006), S. 58ff.
[220] Vgl. Gabler (1997), S. 2528.
[221] Doppler/Lauterburg (2008), S. 75.
[222] Vgl. Drucker (1993), S. 70f.

Produktivität von Wissen."[223] Management hat die Aufgabe, Menschen in die Lage zu versetzen, gemeinsame Leistungen zu erbringen und Menschen in die Unternehmung zu integrieren.[224] Drucker spricht von Management als Geisteswissenschaft.[225] Folgende Punkte muss Management umfassen.

- Management hat den spezifischen Zweck und die Mission der Einrichtung festzulegen
- Management sorgt für die Produktivität der Einrichtung und für die Effektivität der Arbeitskräfte
- Management hat die soziale Wirkung und die soziale Verantwortung der Einrichtung zu steuern[226]

Für Malik ist Management im Wesentlichen durch vier Elemente gekennzeichnet. Es ist erstens durch spezifische Aufgaben charakterisiert, die erfüllt werden müssen. Zweites Element sind die Werkzeuge, die bei der Erfüllung der Aufgaben eingesetzt werden. Gefolgt von den Prinzipien, die man bei der Erfüllung von Aufgaben und bei der Anwendung von Werkzeugen einhält. Das vierte Element ist die Verantwortung, die mit der Ausübung verbunden ist.[227] Etwas einfacher definiert es Willke. *„Management meint eine systematische und disziplinierte Steuerung von Ressourcen zur Erreichung bestimmter Ziele."*[228] Es umfasst

- die Führung von Personen und
- Optimierung von weiteren relevanten Ressourcen, um
- die Ziele von Organisationen zu erreichen.[229]

Allen Definitionen ist gemeinsam, dass es um Führung von Personen und um Effizienzsteigerung geht.

---
[223] Drucker (1993), S. 73.
[224] Vgl. Drucker (2005), S. 28.
[225] Vgl. Drucker (2005), S. 29.
[226] Vgl. Drucker (2005), S. 31.
[227] Vgl. Malik (2006), S. 70ff.
[228] Vgl. Willke (2007), S. 17.
[229] Willke (2007), S. 17.

2.4. Wissensmanagement

Wissensmanagement ist zunächst eine Wortkombination aus zwei Begriffen mit unterschiedlichen Verständnissen.[230] In den Kap. 2.1 (*Wissen*) bis 2.3. (*Management*) wurde aus diesem Grund versucht, unterschiedliche Definitionen und Zugänge zu den Begriffen Wissen und Management aufzuzählen und die diese abzugrenzen. Unter dem Begriff Wissensmanagement versteht man also das Management von Wissen[231], das sowohl aus Praxiserfahrung wie auch aus Theorieentwicklung resultiert.[232] Der Begriff des Wissensmanagements impliziert, dass Wissen in Unternehmen nicht einfach sich selbst überlassen werden darf. Im Wissensmanagement geht es um die systematische Identifikation von Wissensressourcen[233] und deren zielorientierte Nutzung sowie die Entwicklung von Wissen und der Fähigkeiten, die für den Organisationszweck als notwendig gesehen werden.[234] Wissensmanagement bezeichnet die Gesamtheit organisationaler Strategien zur Schaffung einer intelligenten Organisation, beziehungsweise zur Schaffung der lernenden Organisation.[235]

Als Grundprozess des Wissensmanagements kann die Transformation von Wissen im Unternehmen verstanden werden, das heißt, dass eine intelligente Firma lernen muss, unterschiedliche Wissensbestände zu managen und zu koordinieren.[236] Probst/Raub/Romhardt haben einen sehr pragmatischen Zugang zum Wissensmanagement und beschreiben sechs Kernprozesse des Wissensmanagements, die aufbauend auf realen praktischen Problemstellungen erstellt wurden.[237] Diese Kernprozesse, die Bausteine des Wissensmanagements, werden im Kap. 2.4.1. (*Bausteine des Wissensmanagements*) näher erläutert.

---

[230] Vgl. Schneider (2001), S. 19.; Vgl. Wijnhoven (2006), S. 3.
[231] Vgl. Falk (2007), S. 19.
[232] Vgl. Willke (2001), S. 58.
[233] Vgl. Pawlowsky (1998), S. 15.
[234] Vgl. Probst/Raub/Romhardt (2003), S. 23.
[235] Vgl. Willke (2001), S. 39.
[236] Vgl. Willke (2001), S. 39.
[237] Vgl. Probst/Raub/Romhardt (2003), S. 28.

Trojan sagt diesem ganzheitlichen Ansatz der Kernprozesse des Wissensmanagements jedoch konzeptionelle Fehler und Schwachstellen nach und vertritt die Meinung, dass Wissensmanagement problemorientiert und auf die praktische Umsetzung bezogen sein muss. Vor allem die praktische Anknüpfung des Wissensmanagements an organisatorische Problemstellungen gelingt nicht, wodurch Wissensmanagement oftmals einen organisatorischen Sonderstatus einnimmt. Der Anspruch an den Entwicklungsstand, den systemische Ansätze an Wissensmanagement stellen, kann von den meisten Organisationen nicht befriedigt werden, da diese nicht reif für Wissensmanagement sind. [238] Er sieht den systemischen Ansatz des Wissensmanagement als gescheitert an. [239]

Es kann muss hier festgestellt werden, dass die mögliche Unreife oder der Unwille von Unternehmen nicht gleichzusetzen ist mit dem generellen Scheitern des systemischen Ansatzes. Trojan vertritt die Meinung, Wissensmanagement muss einen problemorientierten Ansatz haben.[240] Dieser Ansatz stützt sich sehr stark auf den Einsatz von IKT, wie Datenbanktechnologien, Retrievaltechnologien und Modellierungstechnologien.[241] Dem kann entgegengehalten werden, dass es sich hier wiederum nur um Datenträger und Informationstechnologie, und nicht um Wissen handelt. Informationstechnologie ist keine Wissenstechnologie. Technik kann zwar das Fundament sein, eigentliches Wissensmanagement braucht aber Menschen.[242]

2.4.1. Bausteine des Wissensmanagements

Durch Wissensmanagement gelingt es Führungskräften, mit der Ressource Wissen besser umgehen zu können. Es mag für Unternehmen schwierig erscheinen, ein organisationales Lernklima zu etablieren oder die bestehende

---
[238] Vgl. Trojan (2006), S. 75f.
[239] Vgl. Trojan (2006), S. 97.
[240] Vgl. Trojan (2006), S. 97.
[241] Vgl. Trojan (2006), S. 191.
[242] Vgl. Herbst (2000), S. 28.

Lerninfrastruktur zu analysieren, da der Abstraktionsgrad für Führungskräfte oft zu hoch ist. Für praktische Interventionszwecke brauchen Führungskräfte Methoden, mit denen sie organisationale Wissensbestände lenken und deren Entwicklung beeinflussen können.[243]
Wissensmanagement soll praktisch, einfach und nutzbar sein, weshalb Probst/Raub/Romhardt die Kernprozesse des Wissensmanagements entwickelt haben, wie Abbildung 9 zeigt.

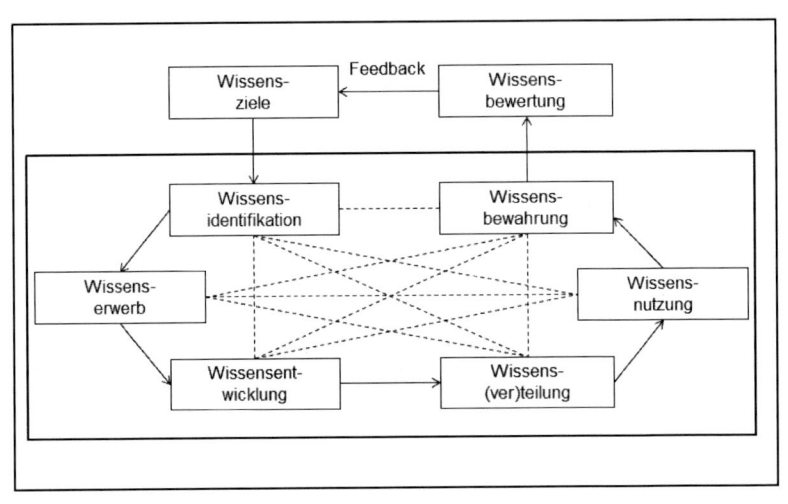

Abbildung 9: Kernprozesse des Wissensmanagements[244]

Interventionen des Wissensmanagements in einzelne Kernprozesse sind möglich, jedoch haben diese zwangsläufig Auswirkungen auf andere Prozesse, wie in der Abbildung ersichtlich ist.[245]

2.4.1.1. Wissensidentifikation

---
[243] Vgl. Probst/Raub/Romhardt (2003), S. 27.
[244] Quelle: Probst/Raub/Romhardt (2003), S. 28.
[245] Vgl. Probst/Raub/Romhardt (2003), S. 28.

Um effektives Wissensmanagement betreiben zu können, müssen Unternehmen Transparenz über vorhandenes Wissen schaffen und den einzelnen Mitarbeiterinnen und Mitarbeitern bei ihren, beziehungsweise seinen Suchaktivitäten unterstützen. Mangelnde Transparenz führt zu Ineffizienzen, uninformierten Entscheidungen und Doppelspurigkeiten.[246]

2.4.1.2. Wissenserwerb

Unternehmen können Quellen anzapfen, die außerhalb der Organisation liegen. Unternehmen müssen das Potential erkennen, das in den Beziehungen zu Kundinnen und Kunden und Lieferantinnen und Lieferanten, zu Konkurrentinnen und Konkurrenten sowie zu Partnerinnen und Partnern besteht. Unternehmen können sich auch durch Rekrutierung von Expertinnen und Experten Wissen einkaufen, das sie aus eigener Kraft nicht entwickeln können.[247]

2.4.1.3. Wissensentwicklung

Komplementär zum Wissenserwerb steht die Wissensentwicklung. Im Mittelpunkt stehen alle Managementanstrengungen, mit denen die Organisation sich bewusst um die Produktion bisher noch nicht bestehender Fähigkeiten bemüht. Bei der Wissensentwicklung geht es um den Umgang des Unternehmens mit neuen Ideen und die Nutzung der Kreativität der Mitarbeiterinnen und Mitarbeiter.[248]

2.4.1.4. Wissens(ver)teilung

Die Wissens(ver)teilung befasst sich mit der Thematik das Wissen an den richtigen Ort zu bringen. Auf den Übergang von Wissensbeständen von der

---

[246] Vgl. Probst/Raub/Romhardt (2003), S. 29.
[247] Vgl. Probst/Raub/Romhardt (2003), S. 29.
[248] Vgl. Probst/Raub/Romhardt (2003), S. 29.

individuellen auf die Gruppen- und Organisationsebene muss spezielle Aufmerksamkeit gelegt werden. Eine sinnvolle Beschreibung und Steuerung des Wissens(ver)teilungsumfanges verlangt das ökonomische Prinzip der Arbeitsteilung.[249] Die Wissens(ver)teilung wird im Kap. 2.5. (*Wissenstransfer und Wissensumwandlung*) näher beschrieben.

2.4.1.5. Wissensnutzung

Der produktive Einsatz organisationalen Wissens wird als Wissensnutzung beschrieben. Einerseits kann mit erfolgreicher Identifikation die Nutzung sichergestellt werden, andererseits kann die Sicherstellung der Nutzung fremden Wissens mit zum Beispiel Patenten oder Lizenzen sichergestellt werden.[250]

2.4.1.6. Wissensbewahrung

Werden Fähigkeiten einmal erworben, bedeutet das nicht, dass diese auch automatisch für die Zukunft zur Verfügung stehen. Das Management ist verantwortlich für die Bewahrung von Informationen, Dokumenten und Erfahrungen sowie für die Selektion von dem, was bewahrungswürdig ist.[251]

2.4.1.7. Wissensziele

Die Wissensziele verdeutlichen die Wichtigkeit einer strategischen Ausrichtung des Wissensmanagements, weshalb sie in die Unternehmensstrategie verankert sein müssen. Wissensziele schaffen eine wissensbewusste Unternehmenskultur. Strategische Wissensziele definieren organisationales Kernwissen und beschreiben den zukünftigen Kompetenzbedarf eines

---

[249] Vgl. Probst/Raub/Romhardt (2003), S. 30.
[250] Vgl. Probst/Raub/Romhardt (2003), S. 30.
[251] Vgl. Probst/Raub/Romhardt (2003), S. 30.

Unternehmens. Operative Wissensziele sorgen für die Umsetzung des Wissensmanagements und konkretisieren die strategischen Zielvorgaben.[252]

2.4.1.8. Wissensbewertung

Entsprechend den Wissenszielen müssen diese auch bewertet werden, um die Qualität der Zielvorstellung zu analysieren. Auf Indikatoren und Messverfahren kann meist nicht zurückgegriffen werden, womit es oft schwer wird, die Wirksamkeit der Maßnahmen des Wissensmanagements zu belegen.[253]

Obwohl die Bausteine des Wissensmanagements inzwischen nach herrschender Meinung als die allgemein gültigen Aufgaben des Wissensmanagements gelten, lassen sich sehr wohl auch die Grenzen der Bausteine festhalten. So ist die Ermittlung des relevanten Wissens zur Wissensidentifikation abhängig vom Beurteiler, beim Wissenserwerb ist oft nicht klar, welchen Nutzen das Wissen bringt. Zudem ist der Wissenserwerb oft von Kommunikations- und Kooperationsschwierigkeiten geprägt. Die Wissensentwicklung scheitert oft an der Unterstützung und Befürwortung des Managements. Die Wissens(ver)teilung kämpft mit der Problematik strenger Hierarchien und starrer Strukturen. Die nötige Veränderungsdynamik der Wissensnutzung kann zu Wissensmüdigkeit führen. Die Grenzen der Wissensbewahrung können individueller (Kündigung, Pensionierung), kollektiver (Auflösung von Teams, Outsourcing) oder elektronischer Natur (Viren, Systemabstürze) sein. Wissensziele sind oftmals mehrdeutig oder unklar definiert. Die Grenzen der Wissensbewertung liegen neben der schwierigen Objektivierbarkeit des Wissens auch in den mit Kennzahlen verbundenen Problemen, was beispielsweise die Komplexitätsreduktion angeht.[254]

---

[252] Vgl. Probst/Raub/Romhardt (2003), S. 30f.
[253] Vgl. Probst/Raub/Romhardt (2003), S. 31.
[254] Vgl. Porschen (2008), S. 129ff.

2.4.2. Der Wissensmanagementbegriff in dieser Studie

Der Autor lehnt sich in seinem Verständnis an die Definition von Probst/Raub/Romhardt an und sieht Wissensmanagement aus systemischer Sicht als ganzheitlichen Prozess, der in die operative und strategische Planung eines Unternehmens integriert ist. Organisationales Lernen, unter Rücksichtnahme auf die Kernprozesse des Wissensmanagements und deren Interpendenz ist der Weg zum Wissen. Als höchste Stufe des Wissensmanagements, also als idealtypisches Modell eines intelligenten Unternehmens, wird die lernende Organisation von Senge betrachtet.

Drei Bereiche spielen im Wissensmanagement eine entscheidende Rolle.[255] Der Mensch, die Prozesse und die Systeme. Die Rolle des Menschen, ob als Einzelperson, in Zweierbeziehung oder in Gruppen und Teams, wird dabei als die wichtigste erachtet, da nur der Mensch die nötigen Prozesse in Gang setzen kann. Die technischen Systeme werden als weniger relevant betrachtet, da folgendes festgehalten werden kann. *„Für wichtige Wissensmanagementfunktionen ist heute keine Standardsoftware verfügbar."[256]* Die Technik ist, wie schon zuvor mehrmals erwähnt, ein unterstützender Faktor im Wissensmanagement.

2.5. Wissenstransfer und Wissensumwandlung

Wenn Wissen existiert, geht es darum, dass Wissen dorthin zu bringen, wo es benötigt wird.[257] Eine weitere Frage ist, welches Wissen wo existiert.[258] Wie schon im Kap. 2.1.1 (*Wissenstypologien*) besprochen, gibt es mehrere

---

[255] Vgl. della Schiava/Rees (1999), S. 122.
[256] della Schiava/Rees (1999), S. 179.
[257] Vgl. Faran u.a. (2006), S. 56.
[258] Vgl. Herbst (2000), S. 124.

Wissenstypologien. Nonaka und Takeuchi sprechen in ihrem SECI-Modell[259] von den vier Formen der Wissensumwandlung.[260]

2.5.1. Sozialisation: von implizit zu implizit

Unter Sozialisation wird ein Erfahrungsaustausch verstanden, aus dem implizites Wissen entsteht. Dies kann durch gemeinsame mentale Modelle oder technische Fertigkeiten entstehen. Durch Sozialisation ist ein Wissenstransfer ohne Sprache möglich. Den Schlüssel zum impliziten Wissenserwerb bildet die Erfahrung.[261]

2.5.2. Externalisierung: von implizit zu explizit

Externalisierung wird durch Artikulation von implizitem Wissen erreicht.[262] In Kap. 2.1.1. (*Wissenstypologien*) wurde schon kurz die Problematik der Kommunizierbarkeit von implizitem Wissen besprochen. Externalisierung kann in Form von Metaphern[263], Analogien[264], Modellen oder Hypothesen erfolgen. Die oft auftretenden Lücken und Diskrepanzen dieser Ausdrucksformen erscheinen oft unlogisch und unangemessen. Sie fördern aber die Reflexion und Interaktion.[265]

---

[259] Vgl. Nonaka/Takeuchi (1997), S. 75: SECI steht für Socialisation, Externalisation, Combination, Integration.
[260] Vgl. Nonaka/Takeuchi (1997), S. 75.
[261] Vgl. Nonaka/Takeuchi (1997), S. 75.
[262] Vgl. Nonaka/Takeuchi (1997), S. 77.
[263] Vgl. Duden (2002), S. 618. Eine Metapher, auch Sinnbild genannt, ist ein sprachlicher Ausdruck, bei dem ein Wort oder eine Wortgruppe aus seinem Bedeutungszusammenhang in einen anderen übertragen, als Bild verwendet wird.
[264] Vgl. Duden (2003), S. 69. Unter Analogie versteht man eine Gleichartigkeit, Entsprechung, Ähnlichkeit oder eine Verwandschaft.
[265] Vgl. Nonaka/Takeuchi (1997), S. 77.

2.5.3. Kombination: von explizit zu explizit

Der Prozess der Kombination dient der Erfassung von Konzepten innerhalb eines Wissenskomplexes und dient der Verbindung verschiedener Bereiche. Eine Neuzusammenstellung vorhandener Informationen durch Sortierung, hinzufügen, kombinieren oder klassifizieren von explizitem Wissen führt zu neuem Wissen, wie es zum Beispiel in Ausbildungseinrichtungen der Fall ist.[266]

2.5.4. Internalisierung: von explizit zu implizit

Unter Internalisierung wird ein Prozess zur Eingliederung expliziten Wissens in das implizite Wissen verstanden.[267] *„Wenn Erfahrungen durch Sozialisation, Externalisierung und Kombination in Form von gemeinsamen mentalen Modellen oder technischen Know-how internalisiert werden, werden sie zu einem wertvollen Wissenskapital."*[268] Für eine Internalisierung ist nicht zwingend ein direktes Nachvollziehen der Erfahrungen anderer vonnöten. Wenn Mitglieder eines Unternehmens durch eine Erfolgsgeschichte den realen Kern erfassen, kann dieses Erlebnis in ein implizites mentales Modell verwandelt werden.[269]

Eine echte Innovation für ein Unternehmen entsteht erst, wenn implizites und explizites Wissen zusammenwirken. Nonaka und Takeuchi stellen dieses Zusammenwirken in der Wissensspirale grafisch dar.[270]

---

[266] Vgl. Nonaka/Takeuchi (1997), S. 81.
[267] Vgl. Nonaka/Takeuchi (1997), S. 82.
[268] Nonaka/Takeuchi (1997), S. 82.
[269] Vgl. Nonaka/Takeuchi (1997), S. 82f.
[270] Vgl. Nonaka/Takeuchi (1997), S. 85ff.

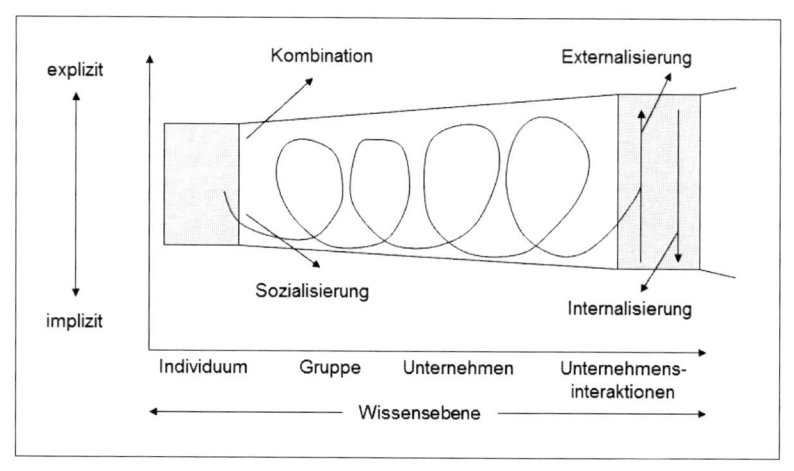

Abbildung 10: Die Wissensspirale[271]

Die Wissensschaffung im Unternehmen kann demnach als Spiralprozess gesehen werden, der, ausgehend von der individuellen Ebene, immer mehr Interaktionsgemeinschaften erfasst und die Grenzen von Sektionen, Abteilungen, Divisionen und sogar Unternehmen überschreitet.[272] Für sich alleine haben die Umwandlungsformen nur begrenztes generatives Potential. Die organisationale Wissensbasis kann erst durch die Interaktion aller Umwandlungsformen begründet werden.[273]

2.6. Wissensmanagement in der Führungskräftenachfolge

Mit Wissensmanagement in der Führungskräftenachfolge ist der ganzheitliche Prozess des Wissensmanagements im Rahmen der zu besetzenden Managementpositionen eines Unternehmens gemeint. Das bestehende Management hat die Aufgabe, sich auf den eigenen Stellenwechsel vorzubereiten und Maßnahmen zu ergreifen, um das Unternehmen vor einem

---
[271] Quelle: leicht modifiziert aus: Nonaka/Takeuchi (1997), S. 87.
[272] Vgl. Nonaka/Takeuchi (1997), S. 86.
[273] Vgl. von der Oelsnitz/Hahmann (2003), S. 117.

gravierenden Einschnitt in die Unternehmensprozesse und unkalkulierbaren Folgekosten zu bewahren.[274]

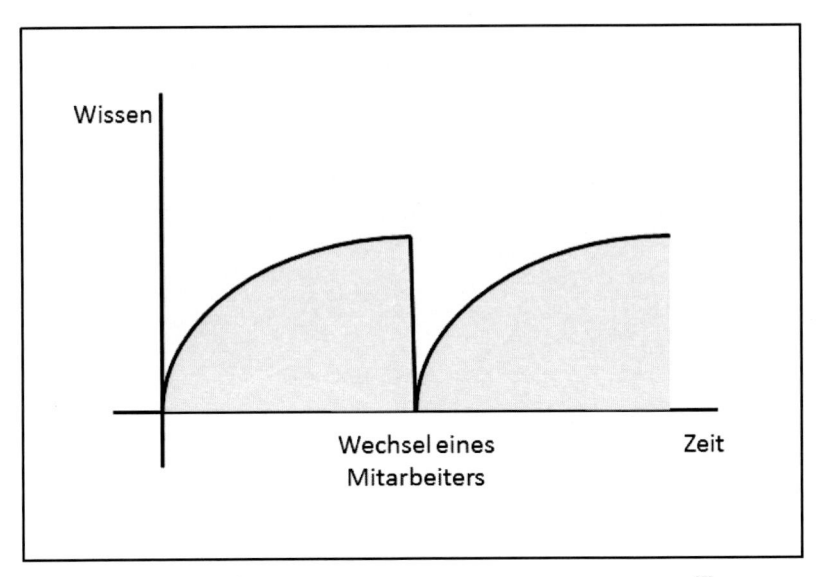

Abbildung 11: Änderung des Wissens beim Wechsel eines Mitarbeiters[275]

In vielen Organisationen fehlen konkrete Nachfolgeregelungen, weshalb Stelleninhaber versuchen bis zum letzten Tag ihre Machtposition beizubehalten, indem sie wichtige Informationen zurückhalten.[276] Abbildung 11 macht deutlich, dass es beim Wechsel einer Mitarbeiterin oder eines Mitarbeiters zu einer wesentlichen Änderung des Wissensstandes kommt. Dies betrifft sowohl das individuelle Wissen desjenigen, der neu in die Position gelangt, wie auch das organisatorische Wissen, da Führungskräfte einen wesentlichen Beitrag zum Unternehmenserfolg leisten.[277]

---

[274] Vgl. North/Reinhardt (2005), S. 75.
[275] Quelle: Herbst (2000), S. 114.
[276] Vgl. Trojan (2006), S. 189.
[277] Vgl. Seebacher/Klaus (2004), S. 373.

In der Führungskräftenachfolge gibt es die Möglichkeit der

- internen Folgeregelung und der
- externen Folgeregelung.[278]

Sieht man sich die Wissenstypologien an, so stellt man fest, dass es vor allem implizites Wissen ist, welches nicht auf die Nachfolgerin oder den Nachfolge übergeht.[279] Mit Blick auf die Bausteine des Wissensmanagements (Abbildung 9) lässt sich festhalten, dass die Wissensbewahrung im Vordergrund steht.[280]

Verantwortlich für die Nachfolge ist das bestehende Management. Der Prozess der Führungskräftenachfolge ist, sowohl mit einer internen als auch mit einer externen Folgeregelung, sehr komplex. Beispielsweise müssen Potentialanalysen und Erfolgsprofile möglicher Nachfolgerinnen oder Nachfolger erstellt werden.[281] Es ist dabei darauf zu achten, dass hier das Wissensmanagement nicht zu kurz kommt. Es besteht die Notwendigkeit, dass es während der Einarbeitungszeit der neuen Führungskraft zu einem Aufbau von sowohl expliziten Wissen, wie etwa Prozessbeschreibungen, als auch von implizitem Erfahrungswissen, wie etwa ein persönliches Netzwerk, kommt.[282] Ermöglicht werden kann dies zum Beispiel schon durch einfache Instrumente wie Altersstrukturanalysen, um Wissen rechtzeitig zu sichern und einen störungs- und reibungsfreien Übergang gewährleisten zu können.[283]

Auf welche Weise ein Transfer von Wissen im Rahmen der Führungskräftenachfolge praktisch stattfindet, ist in der Literatur nur anhand von wenigen Praxisbeispielen dargestellt (Vgl. Kap. 2.8.2. *Good Practise für Wissensmanagement in der Führungskräftenachfolge*)

---

[278] Vgl. North/Reinhardt (2005), S. 75.
[279] Vgl. Herbst (2000), S. 14.
[280] Vgl. Wiesenbauer (2001), S. 68.
[281] Vgl. Seebacher/Klaus (2004), S. 376ff.
[282] Vgl. Ackermann (2009), S 44f.
[283] Vgl. Frai/Thiehoff (2011), o.S.

2.7. Wissensverlust

Zwangsläufig verliert jedes Unternehmen, so sehr es sich auch bemüht, im Laufe seines Bestehens qualifizierte Mitarbeiterinnen und Mitarbeiter[284], ausgelöst durch Verringerung der Loyalität zum Arbeitgeber, Abwerbung durch die Konkurrenz oder größerem Wunsch nach Mobilität. Neben diesen freiwilligen Möglichkeiten des Ausscheidens ist natürlich auch die Kündigung wegen wirtschaftlicher Veränderungen eine Möglichkeit qualifizierte Mitarbeiterinnen und Mitarbeiter zu verlieren.[285] Durch diesen Abgang kann der Vermögenswert Wissen enormen Schaden erleiden.[286] Dies kann sogar so weit führen, dass Schlüsselpersonen mit hohem finanziellen Aufwand wieder zurückgeholt werden müssen. Indirekte Folgen können in etwa Abwanderungen von Kundinnen und Kunden sein, wenn diese eine stärkere Bindung an die Mitarbeiterin oder den Mitarbeiter, als an das Unternehmen haben.[287]

Vier grundsätzliche Orientierungen an Maßnahmen der Vermeidung von Wissensverlusten können unterschieden werden[288]:

2.7.1.1. Retention-Management

Darunter versteht man die Bindung wichtiger Wissensträger an die Organisation. Da es in vielen Fällen aber nicht möglich ist, Austrittsbarrieren aufzubauen, hilft oft die Aufrechterhaltung des Kontaktes mit Mitarbeiterinnen und Mitarbeitern, die das Unternehmen verlassen.[289]

---

[284] Vgl. North (2011), S. 144.
[285] Vgl. Trojan (2006), S. 170.
[286] Vgl. North (2011), S. 256.
[287] Vgl. Probst/Knaese (1998), S. 43ff.
[288] Vgl. Trojan (2006), S. 186.
[289] Vgl. Trojan (2006), S. 187.

2.7.1.2. Wissenskommunikation

Eine der effektivsten Maßnahmen ist der Transfer von Wissen von einem Träger auf andere Träger. Diese Wissenskommunikation bedarf allerdings reger Interaktion beim Transfer und gewisse Kommunikationsfähigkeiten der Wissensträger, um sicherzustellen, dass Wissen beim Empfänger rekonstruiert und aufgenommen werden kann.[290]

2.7.1.3. Organisational Memory Systeme (OMS)

Darunter werden elektronische Wissensträger verstanden, auf denen strukturierte Ablagen erfolgen können und deren Zugänglichkeit ständig verbessert wird. OMS zielen darauf ab, sowohl harte Daten (zum Beispiel Daten, Fakten, Regeln) als auch weiche Inhalte (zum Beispiel Geschichten, Abläufe, Erfahrungen) zu bewahren.[291]

2.7.1.4. Case-Writing

Unter Case-Writing versteht man die Überführung von bewahrungswürdigen Vorgängen und Erfahrungen der Organisation in eine explizite Form. Die Möglichkeit anhand von bewahrungswürdigen Vorgängen Probleme zu diskutieren und zu reflektieren, wird durch den narrativen Charakter der festgehaltenen Inhalte unterstützt.[292]

---

[290] Vgl. Trojan (2006), S. 188.
[291] Vgl. Trojan (2006), S. 190.
[292] Vgl. Trojan (2006), S. 199.

2.8. Erfolgsfaktoren des Wissensmanagement

Aus der Literatur lässt sich entnehmen, dass die Suche nach einem anerkannten Erfolgsbegriff für das Wissensmanagement noch nicht abgeschlossen ist.[293] Der Begriff Erfolg lässt sich im betriebswirtschaftlichen Sinn als monetäre Größe und als Differenz aus Ertrag und Aufwand definieren. Im Wissensmanagement herrscht allerdings ein nichtmonetäres Erfolgsverständnis vor.[294] Wissensmanagement ist erfolgreich, wenn die höchstmögliche Nutzerzufriedenheit erzielt worden ist. Dies kann erreicht werden, indem die Erwartungen, die Individuen in Wissensmanagement haben, erfüllt werden.[295] Aus dieser individuellen Sichtweise lässt sich folgende Definition ableiten.

„Erfolg im Wissensmanagement ist die über alle Individuen akkumulierte, persönlich und kollektiv wahrgenommenen Zufriedenheit eines Organisationsmitglieds mit der Qualität des Wissens, der Qualität der Wissensversorgung und der Qualität der Wissensweitergabe in einem individuellen Arbeitsumfeld."[296]

Es ist demnach also entscheidend, welche Erwartungen jemand an das Wissensmanagement hat, um daraus ableiten zu können, wie erfolgreich Wissensmanagement ist. Auf Grundlage dieser Definition lässt sich somit festhalten, dass es nicht möglich ist, allgemein gültige Faktoren zu bestimmen, um erfolgreiches Wissensmanagement zu garantieren. Aussagen von Autoren, die als wichtigsten Erfolgsfaktor den Menschen definieren[297], werden als zu wenig aussagekräftig gesehen.

---

[293] Vgl. Angerer/Lehner (2009), S.41.
[294] Vgl. Angerer/Lehner (2009), S. 41.
[295] Vgl. Angerer/Lehner (2009), S. 43.
[296] Angerer/Lehner (2009), S. 43.
[297] Vgl. Thom/Harasymowicz-Birnbach (2005), S. 32.

Es lassen sich aber sehr wohl Faktoren feststellen, welche den Wissenstransfer begünstigen können. Im Umkehrschluss lässt sich sagen, dass es Indikatoren gibt, die erfolgreiches Wissensmanagement behindern.

In nachstehender Tabelle werden ausgewählte Erfolgsfaktoren einiger Autoren zum Thema Wissensmanagement aufgezählt.

Autor	ausgewählte Erfolgsfaktoren
Angerer/Lehner	- Ausreichende Qualifikation für Umgang mit Wissen - Wissensziele mit Unternehmenszielen verknüpfen - Kommunikation getragen durch das Management - Fehlertoleranz - Anreizsysteme - Gemeinsame Ziele, Werte, Unternehmenskultur[298]
Schneider	- Strategische Positionierung des Wissensmanagements - Steuerung im Top-Management - Weniger ist mehr. Schlanke und einfache Systeme - Erst Managen. Dann – sehr einfach – messen. - Ernstnehmen von Kultur[299]
North	- Wissensmanagement geht von der Führung aus - Unternehmensleitbild, Führungsgrundsätze und Anreizsysteme - Wissensmanagement in Arbeitsabläufe integrieren - Aufbau einer Informationsinfrastruktur - Im Berichtswesen gewinnen nicht-finanzielle Indikatoren Bedeutung - Werte sind wichtiger als Strukturen[300]
Herbst	- Vertrauen untereinander - Relevantes Wissen ist mit der Strategie verbunden - Wissensmanagement ist Aufgabe des gesamten Unternehmens – getragen vom Management - Instrumente müssen anwendungsorientiert und kundenfreundlich sein - Gemeinsame Wissensnutzung muss gefördert und belohnt werden[301]
Probst/Raub/Romhardt	- Klare Kommunikation – weniger Missverständnisse - Jede Situation muss neu wahrgenommen werden – weg von Gewohnheit und Bequemlichkeit - Das Management muss inspirieren - Gelebte Statements statt leerer Kalendersprüche - Innovation und Querdenken statt ständige Analyse - Weniger ist mehr (Informationsflut, Entscheidungslähmung) - Gemeinsame Werte[302]

Tabelle 5: Erfolgsfaktoren im Überblick[303]

---

[298] Vgl. Angerer/Lehner (2009), S. 36f.
[299] Vgl. Schneider (2001), S. 138.
[300] Vgl. North (2011), S. 274f.
[301] Vgl. Herbst (2000), S. 185f.
[302] Vgl. Probst/Raub/Romhardt (2003), S. 247ff.

Beim Abgleich der von den ausgewählten Autoren genannten Erfolgsfaktoren lassen sich Überschneidungen erkennen, woraus sich folgende Indikatoren erschließen lassen, die erfolgreiches Wissensmanagement begünstigen können.

- Einbau von Wissensmanagement in die Unternehmensstrategie
- Wissensmanagement geht von der Führung aus – es wird vorgelebt
- Das Management fördert durch Anreize die Entwicklung einer Wissenskultur
- Im Unternehmen existiert die nötige Fehlertoleranz, denn diese fördert
- Vertrauen, Offenheit, Kreativität, Innovation
- Lernschwächen erkennen und überwinden

Um Wissensmanagement erfolgreich in einer Organisation zu etablieren, ist die Kompetenz des Managements gefragt. Als unterstützende Maßnahme zur Einführung von Wissensmanagement kann das Führungskräftecoaching dienen.[304] Durch systemisches Coaching von Trainern wird das Management unterstützt, die aktuelle Situation aus einer neuen Perspektive zu sehen um daraufhin selbst neue Lösungen zu finden.[305] In relativ kurzer Zeit kann durch planvolle, fachkundige und methodisch geschulte Beratungsgespräche eine professionelle Intervention in eine Organisation erzielt werden.[306]

---

[303] Quelle: eigene Darstellung.
[304] Vgl. König/Volmer (2009), S. 16.; Vgl. Königswieser/Exner (2006), S. 95f; Vgl. Königswieser/Exner (2006), S. 117f.
[305] Vgl. König/Volmer (2009), S. 18.
[306] Vgl. König/Volmer (2008), S. 53f.; Vgl. Königswieser/Exner (2006), S. 22ff.

2.8.1. Ausgewählte Instrumente und Methoden des Wissensmanagement

Die nun näher vorgestellten Modelle und Instrumente wurden mit speziellem Fokus auf ihre Einsetzbarkeit in der Führungskräftenachfolge ausgewählt. Für den Prozess der Führungskräftenachfolge liegt der Schwerpunkt auf dem Transfer von implizitem Erfahrungswissen (Vgl. Kap. 2.1.2. *Erfahrungswissen*, Kap. 2.5.1. *Sozialisation: von implizit zu implizit* und Kap. 2.5.2. *Externalisierung: von implizit zu explizit*). Bei den gewählten Modellen lassen sich diese Elemente ebenfalls wiederfinden. Auch das anschließende Good Practise Beispiel hat den Schwerpunkt in der Sozialisation und Externalisierung von Erfahrungswissen. Aus den zuvor schon mehrmals erwähnten Gründen wird auch auf die Vorstellung von IKT basierten Konzepten verzichtet. Die unmittelbare Einsetzbarkeit aller genannten Methoden und Instrumente in den Prozess der Führungskräftenachfolge kann nicht garantiert werden, jedoch handelt es sich um zumindest denkbare Möglichkeiten.

2.8.1.1. Communities of Practise

Das Ziel einer Community of Pracitse (CoP), auch Wissensgemeinschaft genannt, ist die Erarbeitung einer gemeinsamen Aufgabe. Die CoP arbeitet räumlich zusammen und ist über einen auf Dauer angelegten Zeitraum eingerichtet. Durch dieses Zusammenarbeiten kann jeder Teilnehmer sein Wissen und Können einbringen. Einzelne können dabei etwas über noch nicht bekannte Arbeitsschritte lernen.[307] CoP können Wissen am Leben erhalten, da die impliziten Elemente von Wissen erhalten bleiben, weitergegeben und an veränderte Bedingungen angepasst werden.[308] Durch die Zusammenarbeit über formalisierte Hierarchie- und Geschäftsbereichsstrukturen hinaus sind CoP oft schneller und weniger schwerfällig als Geschäftseinheiten und entwickeln

---

[307] Vgl. Gerhards/Trauner (2010), S. 70.
[308] Vgl. North (2011), S. 163.

Kompetenzen schneller weiter.[309] CoP zeichnen sich durch eine gemeinsame Kultur, wechselseitige Vernetzung und reproduktive Zirkel aus. Das bedeutet, dass CoP neue Mitglieder aufnehmen, die zu Praktikern werden und so den Zirkel und die Kultur und Vernetzung am Leben erhalten.[310] Diese Mitglieder können beispielsweise ehemalige Mitarbeiterinnen und Mitarbeiter sein, die auf diese Weise an das Unternehmen, sozusagen als Beraterinnen und Berater, gebunden werden.[311] Zu beachten ist allerdings, dass solche lernenden Infrastrukturen nicht von Anfang an voll ausgebildet sind. Sie entwickeln sich im Laufe der Zeit und beginnen mit der Bereitschaft zum Experimentieren.[312] Da es in Unternehmen oft schwer ist, dass sich diese CoP selbst bilden und länger existieren, kann die Hinzuziehung eines externen Coaches[313], der die Gruppenbildung und die Gruppenerhaltungsprozesse fördert, oftmals als sinnvoll angesehen werden.[314]

2.8.1.2. Debriefing

Mit der Methode des Debriefing kann Erfahrungswissen einfach erfasst und dokumentiert werden. Mittels strukturierter Interviews erfasst ein Coach oder eine Beraterin, beziehungsweise ein Berater, das Wissen einer Mitarbeiterin oder eines Mitarbeiters. Die Beraterin oder der Berater, auch Debriefer genannt, bringt das erfasste Wissen in eine vereinbarte Form. So wird es späteren Nutzern ermöglicht, sich dieses Wissen ohne Expertenunterstützung anzueignen.[315] Absolute Voraussetzung zur Durchführung des Debriefing ist der Coach, der methodisch geschult ist, um das Wissen erfolgreich explizieren zu können[316], da die nutzbaren Ergebnisse aus dem Interview von den Fähigkeiten

---

[309] Vgl. North (2011), S. 162f.
[310] Vgl. Katenkamp (2011), S. 333.
[311] Vgl. Herbst (2000), S. 136.
[312] Vgl. Senge (2011), S. 372.
[313] Mit der Bezeichnung Coach sind sowohl weibliche, als auch männliche Personen gemeint, die diese Arbeit ausführen.
[314] Vgl. Schein (2010), S. 217.
[315] Vgl. North (2011), S. 305.
[316] Vgl. König/Volmer (2009), S. 70ff.

der Interviewerin oder des Interviewers abhängen.[317] Die Methode des Debriefing eignet sich beispielsweise für ein strukturiertes Austrittsgespräch.[318]

2.8.1.3. Lessons Learned

Unter Lessons Learned versteht man die Dokumentation von Erfahrungen. Beispielsweise kann ein Projektteam nach Ende des Projektes die gemachten Erfahrungen besprechen, das Projekt und seinen Verlauf einschätzen, wichtige Wissensinhalte festhalten und die Erfahrungen sowie die Erfolge und Misserfolge dokumentieren. Somit lässt sich im Laufe der Zeit ein Katalog erstellen, in dem Erfahrungen im Zusammenhang mit der Lösung eines Projektes dokumentiert sind. Wesentlich ist die gemeinsame Dokumentation, da oft unterschiedliche Einschätzungen verschiedener Teilnehmer die Bewertung, warum etwas ein Erfolg oder Misserfolg war, erst möglich machen[319]

2.8.1.4. Story Telling

Menschen geben seit Urzeiten über Geschichten ihr Wissen an ihre Kinder weiter und vermitteln so Regeln, Vorstellungen und Ziele. In westlichen Unternehmen werden diese Fähigkeiten kaum genutzt.[320] Beim Story Telling geht es um die Erhebung von regelbasiertem, strukturiertem Wissen.[321] Diese narrative Form des Wissenstransfers soll als Brücke zum impliziten Wissen dienen. Mithilfe von Stories und Metaphern wird der implizite Wissenstransfer unterstützt.[322] Gerade schwer fassbares Erfahrungswissen von Mitarbeiterinnen und Mitarbeitern ist in Form von Geschichten, Analogien oder Anekdoten häufig informell gespeichert.[323] Story Telling ist eine Wissenschaft, die über

---

[317] Vgl. Trojan (2006), S. 203.
[318] Vgl. Trojan (2006), S. 202.
[319] Vgl. Herbst (2000), S. 123f.
[320] Vgl. Schütt (2000), S. 10.
[321] Vgl. Mertens/Finke (2004), S. 39.
[322] Vgl. Katenkamp (2011), S. 257.
[323] Vgl. Katenkamp (2011), S. 259.

Geschichtenmanagement ein Maß für die Unternehmenskultur aufbauen und sie dadurch aktiv beeinflussen kann.[324]

Story Telling fordert ein methodisches Vorgehen in sechs Schritten. Am Beginn steht eine sehr genaue und straffe Planung. Es gilt, ein herausragendes Ereignis zu finden, die damit zusammenhängenden interessantesten Themengebiete zu definieren und die Schlüsselperson für die Interviewphase zu gewinnen. Anschließend werden die ausgewählten Interviewpartner in offenen, narrativen Interviews befragt. Die Interviews werden anschließend transkribiert. Die Auswertung der Transskripte erfolgt nach relevanten Aussagen, Auslösern von Emotionen und Aha-Effekten. Aus den wichtigsten Aussagen wird eine Erfahrungsgeschichte zusammengestellt. Nach der Reflexion und Freigabe der Story durch den Interviewten wird die fertige Erfahrungsgeschichte in einem Transferworkshop mit der Interviewten oder dem Interviewten und ihrem oder seinem Nachfolger aufgearbeitet, damit bei ähnlichen Problemstellungen auf die Erfahrungen und das Erfahrungswissen zurückgegriffen werden kann.[325]

Story Telling ist geprägt durch eigene Charakteristika geprägt. Es erfordert eine Erzählerin oder einen Erzähler und eine Zuhörerin oder einen Zuhörer und die Fähigkeit des Erzählen- und Zuhören-Könnens. Story Telling ist ein aktiver Prozess, der absolute Aufmerksamkeit und Anteilnahme erfordert.[326] Durch spezielle Lerndesigns, wie etwa Visualisierungsworkshops, lassen sich die Kompetenzen entwickeln, um erfolgreiches Story Telling im Unternehmen zu betreiben.[327] Es bietet sich oftmals an, zumindest in der Analysephase eine ausgebildete Beraterin oder einen ausgebildeten Berater hinzuzuziehen.[328]

Obwohl die soeben vorgestellten Methoden geeignet sind, Wissenstransfer in der Führungskräftenachfolge zu begünstigen, muss abschließend festgehalten werden, dass es letztendlich vom Willen des Ausscheidenden abhängig ist, wie

---

[324] Vgl. Schütt (2003a), S. 8.
[325] Vgl. Pircher (2010), S. 140f.
[326] Vgl. Porschen (2008), S. 162f.
[327] Vgl. Reineck/Sambeth/Winklhofer (2011), S. 259.
[328] Vgl. Schütt (2003a), S. 10.

gut der Wissenstransfer erfolgen kann. Die in der Literatur genannten monetären Anreizsysteme sind nicht auf die Führungskräftenachfolge anwendbar. Man muss davon ausgehen, dass bei der Pensionierung einer Führungskraft eine monetäre Belohnung keinen besonderen Anreiz darstellt, außer sie ist außergewöhnlich hoch, was aber wenig realistisch erscheint. Letztlich wird es – egal welche Methode angewandt wird – darauf ankommen, zwischen dem Ausscheidenden und dem Nachfolger ein Vertrauensverhältnis aufzubauen. Wissensmanagement darf nicht als Enteignung von Expertinnen und Experten angesehen werden. Je mehr Menschen einander vertrauen, desto eher teilen sie ihr Wissen.[329]

2.8.2. Good Practise für Wissensmanagement in der Führungskräftenachfolge

Die Volkswagen (VW) AG ist mit einem Umsatz von 126.875 Millionen Euro im Geschäftsjahr (GJ) 2010 und rund 340.000 Mitarbeiterinnen und Mitarbeitern (GJ 2010) gemessen an Umsatz und Personal eines der größten Unternehmen Deutschlands. Laut dem Geschäftsbericht 2010 betreibt VW einerseits Wissenstransfer innerhalb des Konzernes, als auch durch die Einbindung externer Personen. Die Integration von externem Expertenwissen unterstützt die konzerneigenen Ressourcen. Volkswagen setzt sich selbst das Ziel, eine lernende Organisation zu werden und setzt dabei auch auf KVP-Workshops, bei denen die Mitarbeiterinnen und Mitarbeiter ihr Wissen unmittelbar in die Prozessoptimierung einbringen.[330]

Eine Tochtergesellschaft, die Volkswagen Coaching GmbH, ist seit 1995 in der Unternehmens- und Personalentwicklung tätig und bietet dem VW Konzern wie

---

[329] Vgl. Sprenger (2007), S. 39f.
[330] Vgl. Volkswagen (2010), o.S. Der Autor weist darauf hin, dass es sich hierbei – und bei allen anderen Dokumenten der VW AG - um eine Quelle handelt, die vom Unternehmen zur Verfügung gestellt worden ist.

auch anderen Unternehmen Aus- und Weiterbildungsmaßnahmen an.[331] Zum Thema Wissenstransfer in der Führungskräftenachfolge hat die VW Coaching GmbH die Wissensstafette entwickelt. Bezeichnend für die Wissensstafette ist die Kombination aus Dokumentation und physischem Workshop.[332] Ziele der Wissensstafette sind

- die Unterstützung beim Führungswechsel
- der systematische Erfahrungsaustausch durch den Einsatz bewährter Checklisten und halbstrukturierter Interviews
- die Sensibilisierung des Nachfolgers für explizite und implizite Aufgaben und Themen
- das Klären von Erwartungen und Zielvorgaben des Nachfolgers für die zukünftige Position
- das Einsparen von Zeit und Ressourcen durch den Austausch wichtiger Informationen.[333]

In halbstrukturierten Interviews wird das personengebundene Wissen erhoben und in moderierten Übergabegesprächen zwischen der Vorgängerin oder dem Vorgänger und der Nachfolgerin oder dem Nachfolger transferiert. Ein so genannter Transition Workshop hat anschließend eine Katalysatorfunktion[334] für die neue Führungskraft und dessen Mitarbeiterinnen und Mitarbeitern. Er schafft Klarheit und Vertrauen im Umgang miteinander.[335] Im Transition Workshop hat die Nachfolgerin oder der Nachfolger auch die Gelegenheit, das Niedergeschriebene auf Verständlichkeit zu überprüfen und inhaltlich zu

---

[331] Vgl. Haarmann (2004), o.S. Der Autor weist darauf hin, dass es sich hierbei – und bei allen anderen Dokumenten dieser Autorin - um eine „graue" Quelle handelt. Es handelt sich hier um einen Vortrag, der im Auftrag der VW AG gehalten wurde.
[332] Vgl. Schütt (2003), S. 32: Die Wissensstafette wird darüber hinaus noch bei einem Fachwechsel, bei der Einarbeitung neuer Mitarbeiterinnen und Mitarbeiter sowie bei Projekterfahrungen eingesetzt.
[333] Vgl. Kaiser (2007), o.S. Der Autor weist darauf hin, dass es sich hierbei um eine „graue" Quelle handelt. Es handelt sich hier um einen Vortrag, der im Auftrag der VW AG gehalten wurde.
[334] Vgl. Duden (2003), S. 698. Unter Katalysator wird im betriebswirtschaftlichen Sinn eine Person oder eine Sache verstanden, die einen Prozess oder ein Ereignis beschleunigt oder zum Ausbruch bringt.
[335] Vgl. Volkswagen (2009), o.S.

hinterfragen. Die daraus resultierende Diskussion zwischen Abgebender oder Abgebendem und Aufnehmender oder Aufnehmendem löst bei der Abgebenden oder dem Abgebenden typischerweise weitere Impulse aus, verborgenes Wissen, an das sie bisher nicht gedacht haben oder bei der Dokumentation übersehen hatten, auch noch anzusprechen.[336]

Der Prozess der Wissensstafette lässt sich in einem Geschäftsprozessmodell[337] (GPM) wie folgt darstellen.

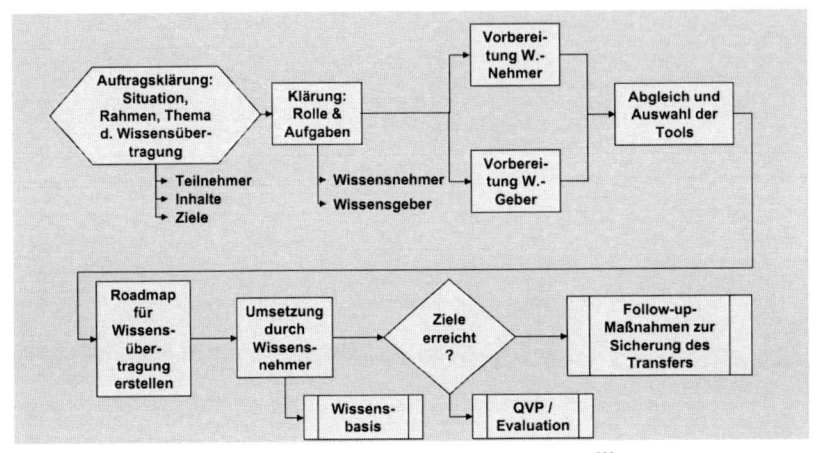

Abbildung 12: Der Prozess der Wissensstafette[338]

Anhand dieses GPM wird ersichtlich, dass ein wesentlicher Teil des Prozesses in Situationsanalyse und Vorbereitung fällt. Die VW Coaching GmbH empfiehlt in diesem Zusammenhang den Fokus von Übergebender oder Übergebendem und Übernehmender oder Übernehmendem auf sechs Perspektiven zu legen: Die Erwartungen an die Wissensstafette, die Schlüsselbeziehungen, die Fakten

---

[336] Vgl. Schütt (2003), S. 32.
[337] Vgl. Allweyer (2005), S. 51. Ein GPM stellt grafisch Geschäftsprozesse dar. Als Geschäftsprozess bezeichnet man in der Betriebswirtschaft die zeitlich logische Abfolge von Aktivitäten.
[338] Quelle: Haarmann (2004), o. S.

(strukturelle oder politische Rahmenbedingungen, Abläufe und organisatorische Ausgangssituation), die Themen, die Unternehmenskultur und die Mitarbeiter.[339]

Die konsequente Anwendung der Wissensstafette hat laut VW folgende positiven Effekte.

- Sicherung des individuellen Wissens erfahrener Mitarbeiterinnen und Mitarbeiter
- Reibungslose Übergabe von Aufgaben
- Bewahrung von Best Practices
- Fehler und Doppelarbeiten werden vermieden
- Synergiepotenziale werden entdeckt
- Optimierung des Wechsels im interkulturellen Kontext

VW argumentiert aber vor allem mit der enormen Zeit- und Kostenersparnis beim Prozess der Übergabe, wie in folgender Abbildung ersichtlich ist.

Abbildung 13: Vorteile durch die Wissensstafette[340]

---

[339] Vgl. Haarmann (2004), o.S.
[340] Quelle: Volkswagen (2009), o.S.

Die Vorteile liegen für VW auf der Hand. Sowohl das Unternehmen als auch die Mitarbeiterinnen und Mitarbeiter profitieren von der Wissensstafette. [341]

2.9 Zusammenfassung

Die Bedeutung von Wissen als Ressource ist unbestritten. Gesellschaften entwickeln sich mit großem Tempo hin zu Wissensgesellschaften. Diese zeichnen sich dadurch aus, dass ihre dominierende, sie prägende Gruppe Menschen sind, die mit ihrem Wissen arbeiten und nicht mit körperlicher Kraft und manueller Geschicklichkeit.[342]

Um Wissen als Ressource verstehen und richtig anwenden zu können, bedarf es grundsätzlicher Definitionen und Abgrenzungen. Zu verstehen, wie sich der wirtschafts- und sozialwissenschaftliche Zugang zum Thema Wissen entwickelt hat, ist eine notwendige Grundlage für erfolgreiches Wissensmanagement. In weiterer Folge ist dieses Verständnis auch für das kybernetische[343] Management von Wissen sinnvoll. Für erfolgreiches Wissensmanagement ist es nötig, Lernschwächen oder Lernhemmnisse zu erkennen und zu vermeiden und die Bausteine des Wissensmanagements zu verstehen. Die Vision der lernenden Organisation kann als Anhaltspunkt für unternehmensinterne strategische Positionierung von Wissensmanagement dienen.

In der Literatur lassen sich keine einheitlichen Garantien, Handbücher, Checklisten oder verbindliche Regeln für erfolgreiches Wissensmanagement finden. Die genannten Erfolgsfaktoren sind in einigen Fällen sehr abstrakt (Vgl. Tabelle 5 *Erfolgsfaktoren im Überblick*: Wissensmanagement in Arbeitsabläufe integrieren, ausreichende Qualifikation für Umgang mit Wissensmanagement, jede Situation muss neu wahrgenommen werden,...) Sehr wohl lassen sich aber Indikatoren herausarbeiten, die erfolgreiches Wissensmanagement begünstigen

---

[341] Vgl. Volkswagen (2009), o.S.
[342] Vgl. Malik (2006), S. 25f.
[343] Vgl. Malik (2006), S. 27. Die Kybernetik ist die Wissenschaft von der Regelung und Steuerung komplexer dynamischer Systeme.

können. Sieht man sich die Instrumente des Wissensmanagements – allen voran das gewählte Good Pracitse Beispiel – an, so wird man einige diese Indikatoren in den Instrumenten und Methoden wiederfinden.

3. Wissensmanagement in der Führungskräftenachfolge aus Expertensicht

Die Arbeit befasst sich mit Wissensmanagement in der Führungskräftenachfolge in Kärntner Regionalbanken. Aus diesem Grund ist es sinnvoll, einen Bankenexperten zum Thema Ausbildung und Weiterbildung zu befragen. In Kap. 1.3 (*Aufbau und Methodik*) wurde die Forschungsmethode und das Forschungsdesign vorgestellt und die Gründe für die Wahl der Forschungsmethode und des Forschungsdesigns erklärt.

3.1. Der Interviewpartner

Als Interviewpartner stellte sich Mag. Wernher Kraker, der Leiter der Aus- und Weiterbildungsabteilung (AuW) der Raiffeisen Landesbank (RLB) Kärnten zu Verfügung. Mag. Wernher Kraker absolvierte die Handelsakademie (HAK) in Klagenfurt und anschließend ein Studium der Bankbetriebswirtschaftslehre (BBWL) in Graz. Er ist seit 1985 in der AuW der Raiffeisen Landesbank Kärnten beschäftigt. Seit 2000 leitet er diese Abteilung.[344] Mag. Wernher Kraker war bis vor zwei Jahren Vortragender an der Raiffeisenakademie in Wien (RAK) zum Thema Führungskräfteausbildung und fungiert als Beobachter bei den Assessment Centern (AC), welche angehende Führungskräfte verpflichtend absolvieren müssen.[345]

Dem Interviewpartner wurde eine Woche vor dem Gespräch zur Gesprächsvorbereitung ein Interviewleitfaden mit folgenden Punkten übermittelt:

---

[344] Vgl. Interview 0, S. 137.
[345] Vgl. Interview 0, S. 138.

- Vorstellung des Themas der Studie und des Forschungszieles
- Fragen zur Person, der Abteilung und den Aufgaben
- Fragen zur Führungskräftenachfolge
- Fragen zum Wissensmanagement in der Führungskräftenachfolge
- Fragen zu persönlichen Erfahrungen mit Wissensmanagement.

Das Interview fand am 2. Februar 2012 im Büro von Mag. Wernher Kraker in der Raiffeisen Landesbank Kärnten statt.

3.2. Die Aus- und Weiterbildungsabteilung der RLB Kärnten

Die Aus- und Weiterbildungsabteilung der RLB ist die zentrale Koordinationsstelle für die gesamte Aus- und Weiterbildung der Mitarbeiterinnen und Mitarbeiter der Kärntner Raiffeisenbanken. Die AuW erstellt Bildungsangebote für alle Mitarbeiterinnen und Mitarbeiter – von jung bis alt. Der Schwerpunkt liegt in der Grund- und Fachausbildung von jungen Mitarbeiterinnen und Mitarbeitern.[346] Durchschnittlich absolvierte jede Mitarbeiterin und jeder Mitarbeiter im Jahr 2011 4,1 Aus- und Weiterbildungstage. Der Anteil der fachlichen Basisausbildung belief sich dabei auf 80 Prozent. Der Buchungsanteil von Seminaren und Kursen zu den Themen Führen und Persönlichkeitsentwicklung belief sich 2011 auf 9 Prozent.[347] Grund für die relativ niedrige Quote ist, dass die Führungskräfteausbildung, bis auf wenige Ausnahmen, über die Raiffeisenakademie (RAK) koordiniert wird und in der Statistik der AuW nicht erfasst wird. Der RAK-Lehrgang zum Bankmanager ist die formale Voraussetzung zur Erlangung einer Führungsposition in einer Raiffeisenbank.[348]

---

[346] Vgl. Interview 0, S. 137.
[347] Vgl. Kraker (2012), S. 4.
[348] Vgl. Interview 0, S. 138ff.

Dieser Lehrgang teilt sich in vier Module.

- Modul 1 (Führen - Meine Rolle als Führungskraft)
  - Mitarbeiterführung, Teamtraining, Kommunikation, Coaching, Konfliktmanagement
  - Besprechungsmanagement und Präsentationstechnik, Rhetorik
  - Zeitmanagement, Stressbewältigung
  - Projektmanagement

- Modul 2 (Steuern und Lenken)
  - Volkswirtschaft und wirtschaftspolitische Trends
  - Geschäftspolitik, Strategieentwicklung, Controlling, Betriebswirtschaft
  - Bankbetriebswirtschaft
  - Marketing und Vertriebssteuerung
  - Arbeitsrecht und Personalverwaltung
  - Leistungsnachweis: kommissionelles Fachgespräch

- Modul 3 (Verändern und Gestalten)
  - Organisations- und Unternehmensentwicklung
  - Betriebsorganisation
  - Personalmanagement
  - jeweils inkl. Chancen- und Risikomanagement
  - Leistungsnachweis: Projektpräsentation

- Modul 4 (Raiffeisen Geschäftsleiter)
  Meine Rolle als
  - Konzessionsträger
  - Kaufmann, Bilanzverantwortlicher
  - Arbeitgebervertreter
  - Genossenschaftlicher Geschäftsführer
  - Geprüfter

- Partner
- Repräsentant der Raiffeisenbank in der Öffentlichkeit
- Krisen- und Risikomanager
- Leistungsnachweis: kommissionelle Prüfung

Der Lehrgang ist als Bankmanagement-Ausbildung für angehende Geschäftsleiterinnen und Geschäftsleiter (GL) konzipiert. Die Module 1 bis 3 müssen in relativ kurzem Abstand zueinander absolviert werden. Modul 4 kann gesondert später absolviert werden. Teilnahmevoraussetzung für das Modul 4 ist das Führungskräfte AC, welches zwingend absolviert werden muss. Neben dem Führungskräfte AC werden seitens der AuW noch das Personal-Risiko-Rating (Anm.: Eine externe Risiko- und Potentialanalyse) und das Audit (Anm.: Ein Hearing mehrerer interner und externer Kandidaten) als unterstützende Instrumente in der Führungskräftenachfolge angeboten, welche jedoch keine praktische Relevanz haben. [349]

Für bereits aktive Führungskräfte und GL wurde von der AuW ein Führungskräftelehrgang in Kooperation mit der Universität Klagenfurt ins Leben gerufen. Dieser richtet sich an GL, welche schon lange im Unternehmen aktiv sind.[350] *„(..) es gibt sehr viele GL, die noch die alte Ausbildung gemacht haben. Damals ist es um Hardfacts gegangen, und es haben Softfacts gefehlt. Das Thema Führen, aber auch das Thema Visionen, Strategieentwicklung, das Thema Veränderung, oder das Thema Kommunikation als Führungskraft."*[351]

---

[349] Vgl. Österreichischer Raiffeisenverband (2012), S. 45.
[350] Vgl. Interview 0, S. 138ff.
[351] Interview 0, S. 137.

3.3. Der Königsweg zur Führungskraft

Der Weg zur Führungskraft beginnt mit Gesprächen mit der aktuellen GL und mit Inputs in Form von Seminaren. In Kleingruppen, als Gruppen- oder Abteilungsleiterin oder –leiter kann das Thema Führung trainiert und gelernt werden. Idealtypisch absolviert eine potentielle Nachwuchsführungskraft den Weg der fachlichen Karriere, wie in folgender Abbildung beschrieben ist. Zentraler Punkt ist hier wiederum der Bankmanagerlehrgang.[352]

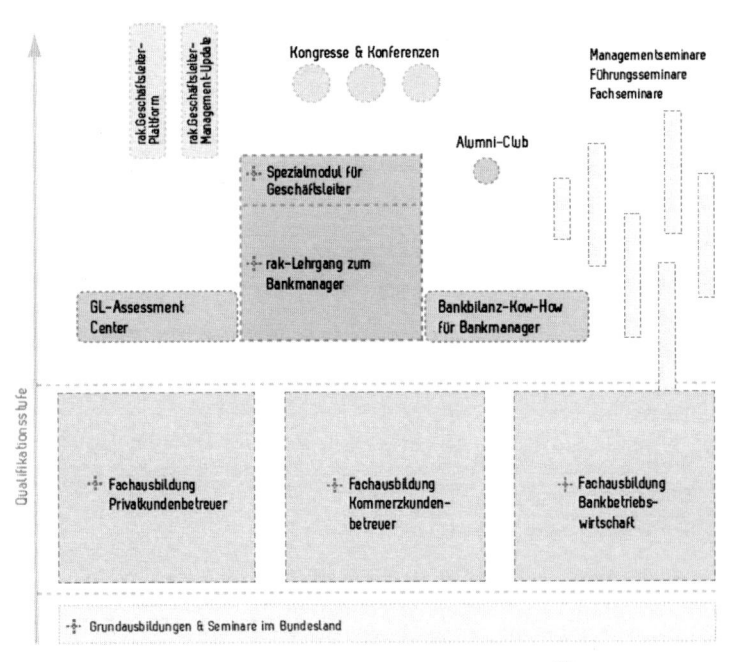

Abbildung 14: RAK-Bildungsangebot[353]

Die absolvierte Grund- und Fachausbildung ist die solide Basis für eine Karriere als Führungskraft (Vgl. Abbildung 14). Dies wird auch vom Experten bestätigt.

---

[352] Vgl. Interview O, S. 144.
[353] Quelle: Österreichischer Raiffeisenverband (2012), S. 9.

„(..) das Fachliche, kann man sagen, dass setzen wir ohnehin voraus."[354] Die Fachausbildung sollte abgeschlossen und auch gefestigt sein.[355] Im Laufe der Jahre kristallieren sich in den Banken Potentiale heraus, die als zukünftige Führungskräfte in Frage kommen. Erklärt kann dies, nach Aussagen des Experten, mit dem nötigen Erfahrungswissen der GL werden, wenn es um die Potentialerfassung geht. In den meisten Fällen bestätigt das Ergebnis des AC die Meinung der GL, die die jeweiligen Nachwuchsführungskräfte in die Führungskräfteausbildung geschickt haben.[356]

Wie bereits in Kap. 2.6 (*Wissensmanagement in der Führungskräftenachfolge*) dargestellt, gibt es die grundsätzlichen Möglichkeiten der internen und der externen Nachfolgeregelung.[357] In den Kärntner Raiffeisenbanken wird fast ausschließlich der Weg der internen Folgeregelung beschritten. *„Für mich sind, in vielleicht fünf bis zehn Prozent der Banken Schwierigkeiten zu erkennen. Aber in gut 90 Prozent der 47 Raiffeisenbanken ist sicherlich das Potential da."*[358]

Grundsätzlich muss man zwischen großen und kleinen Banken unterscheiden, wobei die Grenze für Kärnten bei einer durchschnittlichen Bilanzsumme von 100 Millionen Euro, beziehungsweise 30 bis 35 Mitarbeiterinnen und Mitarbeitern zu ziehen ist.[359] In größeren Banken sieht der Experte den Vorteil in der erhöhten Fokussierung der Nachwuchsführungskraft auf Führungsaufgaben, während in kleineren Banken Führungskräfte sehr stark in das Tagesgeschäft involviert sind.[360] Je nach Größe der Bank ist *„(...) nur die Herangehensweise anders."*[361] Es kann jedoch nicht gesagt werden, dass die Führungskräftenachfolge in kleinen Banken besser oder schlechter funktioniert.[362]

---

[354] Interview O, S. 139.
[355] Vgl. Interview O, S. 139.
[356] Vgl. Interview O, S. 144f.
[357] Vgl. North/Reinhardt (2005), S. 75.
[358] Vgl. Interview O, S. 140.
[359] Vgl. Interview O, S. 138.
[360] Vgl. Interview O, S. 139.
[361] Interview O, S. 139.
[362] Vgl. Interview O, S. 139.

3.4. Konzepte zum Wissensmanagement in der Führungskräftenachfolgeplanung aus Expertensicht

Nach dem Interview mit dem Experten kann festgestellt werden, dass es kein allgemein gültiges Wissensmanagementkonzept gibt, welches im Rahmen der Führungskräftenachfolge eingesetzt wird. Das Heranführen einer Nachwuchsführungskraft in den Kärntner Raiffeisenbanken dauert zwischen drei und fünf Jahre.[363] In dieser Zeit wird der Ausbildungsweg zur beziehungsweise zum GL beschritten, wie bereits in Kap. 3.3. (*Der Königsweg zur Führungskraft*) beschrieben wurde. Systematischer Wissenstransfer, wie etwa CoP, Debriefing, Lessons Learned oder Story Telling findet in den Raiffeisenbanken nach Expertenmeinung nicht statt.[364] Begründet kann dies mit der mangelnden Akzeptanz des Themas Wissen werden. „*Ich habe schon zweimal versucht, ein Seminar zu platzieren, wo es um das Thema Erfahrung, Erfahrungswissen, Wissensweitergabe, aber dann auch Umgang mit jüngeren Mitarbeitern gehen sollte. Die Resonanz war praktisch null.*"[365] Aus diesem Grund liegt es letztlich an der Privatinitiative einiger Weniger, die versuchen, einzelne Bausteine des Wissensmanagements herauszuholen und diese einzusetzen versuchen.[366]

3.5. Ausformungen des Wissensmanagement aus Expertensicht

Systematisches oder koordiniertes Wissensmanagement in der Führungskräftenachfolge findet in den Kärntner Raiffeisenbanken nicht, oder nur in sehr reduzierter Form statt, obwohl sich Problemfelder bezogen auf das Wissensmanagement sehr wohl identifizieren lassen. Probleme im Wissensmanagement werden meist erst bewusst und akut, wenn jemand aus dem Unternehmen ausscheidet. Zu diesem Zeitpunkt werden vielfach erst

---

[363] Vgl. Interview O, S. 139f.
[364] Vgl. Interview O, S. 145.
[365] Interview O, S. 145.
[366] Vgl. Interview O, S. 145.

Handlungsbedarfe sichtbar.[367] Punktuell gibt es, aus der Sicht des Experten, Gespräche von den GL mit den Nachwuchsführungskräften, in denen einzelne Aufgaben besprochen werden, die zu übernehmen sind. Auch werden, durch beispielsweise gemeinsame Gänge zum Grundbuchsgericht, fachliche Abläufe auf die Nachwuchsführungskraft übertragen. Wenn die potentielle Nachfolgerin oder der potentielle Nachfolger bereits in Leitungsfunktion ist, werden durch Feedbackgespräche mit der Geschäftsleitung Prozesse analysiert und Verbesserungsmöglichkeiten analysiert. Durch intensivere Kunden- und Mitarbeiterkontakte passiert Wissenstransfer in kleineren Banken tendenziell öfter als in größeren Banken.[368] Folgende Abbildung stellt den Weg von der Nachwuchsführungskraft zur Führungskraft dar.

In der oberen Bildhälfte sieht man den Nachfolgeprozess, darunter sind die angebotenen Formen der Aus- und Weiterbildung ersichtlich.

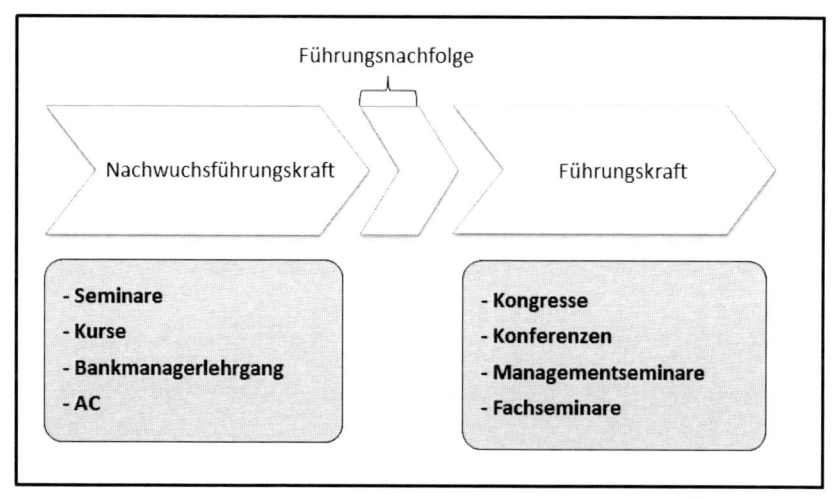

Abbildung 15: Von der Nachwuchsführungskraft zur Führungskraft[369]

---

[367] Vgl. Interview O, S. 145f.
[368] Vgl. Interview O, S. 1398ff.
[369] Quelle: eigene Darstellung.

Man kann abschließend festhalten, dass großer Wert auf die fachliche und persönlichkeitsbildende Ausbildung zur Führungskraft gelegt wird. Die Führungskraft soll bestmöglich auf seine Aufgabe vorbereitet werden. Auch wird für Führungskräfte eine große Anzahl an Aus- und Weiterbildungsmaßnahmen angeboten, wie in der Abbildung ersichtlich ist (Vgl. Kap. 3.3 *Der Königsweg zur Führungskraft*) Dem eigentlichen Prozess der Führungskräftenachfolge fehlt es allerdings an unterstützenden Maßnahmen.

3.6. Good Practise Beispiel aus Expertensicht

Bezogen auf ein systematisches Wissensmanagement in der Führungskräftenachfolge gibt es kein Good Practise Beispiel in Kärntner Raiffeisenbanken. Als Grund dafür sieht der Experte die fehlende Akzeptanz für Wissensmanagement bei den Banken.[370]

Ein Good-Pracitse Beispiel, welches aktive GL nutzen können, existiert jedoch. Es handelt sich dabei um ein zweitägiges Seminar, welches im Ausland stattfindet. Teilnehmer sind Führungskräfte, die sich schon seit mehreren Jahren untereinander kennen. Unter professioneller Leitung von externen Coaches werden in diesem Seminar persönliche Führungsthemen besprochen und in kollegialer Form behandelt. Die Teilnehmer profitieren davon, dass sehr konkrete Fälle und Führungsprobleme behandelt werden.[371] Diese Form der Wissensteilung von Führungskräften lässt sich auch in der Literatur wiederfinden. Vistage, eine in den USA gegründete Organisation, befasst sich mit systematischem, neutralem und nachhaltigem Wissens- und Erfahrungsaustausch zwischen Führungskräften unterschiedlicher Organisationen. In branchenexklusiven Gruppen von maximal 15 Teilnehmern tauschen die Mitglieder regelmäßig ihre Erfahrungen aus. Das Ergebnis ist, dass jeder von jedem lernt und jeder sich für jeden verantwortlich fühlt.[372]

---

[370] Vgl. Interview O, S. 143f.
[371] Vgl. Interview O, S. 144f.
[372] Vgl. Hartmann (2011), S. 14f.

3.7. Weitere Ergebnisse aus dem Experteninterview

Die AuW stellt für junge GL auf Wunsch den Kontakt zu anderen, altgedienten, GL her. Dieser Expertenpool soll den jungen GL helfen, wenn diese in konkrete Fragen haben, die sie selbst nicht bearbeiten können. Darüber hinaus versucht die AuW, Wissensmanagement bei jungen Mitarbeiterinnen und Mitarbeitern zu etablieren. Dies soll mithilfe von Transferaufgaben geschehen, welche im Rahmen der Basisausbildung gelehrt werden. Außer der Planung der fachlichen Karriere bietet die AuW den GL und den Nachfolgerinnen oder Nachfolgern vertrauliche Vier-Augen-Gespräche an. Diese Gespräche finden mit den GL oder den Nachwuchsführungskräften statt. Zusammen mit beiden finden die Gespräche eher selten statt.[373]

3.8. Erfolgsfaktoren aus Expertensicht

„Das wichtigste ist Vertrauen zwischen den Leuten, (...)"[374]. Auch die Etablierung eines Unternehmensgeistes – sozusagen einer wissensfreundlichen Unternehmenskultur – ist ein Faktor, der erfolgreiches Wissensmanagement begünstigt. Vertrauen ist auch die Basis für Wissenstransfer von Erfahrungswissen. *„Ich glaube – unabhängig ob das eine Führungskraft ist oder ein langjähriger Mitarbeiter der ausscheidet – je näher es Richtung Ausscheiden geht, umso offener, ehrlicher, umfassender wird die Information."*[375] Diese zwei Faktoren, Vertrauen und Unternehmenskultur, finden sich auch als Erfolgsfaktoren in Kap. 2.8 (*Erfolgsfaktoren des Wissensmanagement*) wieder. Aufgrund der geringen Erfahrung der Banken mit dem Thema Wissensmanagement und der geringen Einbindung der AuW in die internen Nachfolgeprozesse der Raiffeisenbanken ist es an dieser Stelle nicht möglich, weitere Detailfaktoren festzustellen, die Wissensmanagement begünstigen

---

[373] Vgl. Interview 0, Seite 144.
[374] Interview 0, Seite 146.
[375] Interview 0, Seite 143.

können. Es lässt sich daher für den Experten auch nicht eindeutig festhalten, ob und welches Wissen in den Banken transferiert wird.[376]

3.9. Zusammenfassung

Die AuW koordiniert zentral die gesamte Aus- und Weiterbildung von Mitarbeitern in Kärntner Raiffeisenbanken. Dies betrifft sowohl Basisausbildung für junge Mitarbeiterinnen und Mitarbeiter, wie auch die Koordinierung und Begleitung der Ausbildung zur Führungskraft. Die Ausbildung zur Führungskraft ist ein langjähriger Prozess. Voraussetzung zur Erlangung einer Führungsposition ist das Absolvieren mehrerer Ausbildungsmodule. Ein idealtypischer Weg der Ausbildung zur Führungskraft ist vorhanden, wie in Kap. 3.3 (*Der Königsweg zur Führungskraft*) ersichtlich ist.

Abschließend muss jedoch kritisch bemerkt werden, dass viel Wert auf die fachliche Ausbildung zur Führungskraft gelegt wird (Vgl. 3.2. *Die Aus- und Weiterbildungsabteilung der RLB Kärnten*) und die Nachwuchsführungskraft auf die bevorstehenden Aufgaben in den Modulen des Bankmanagerlehrganges vorbereitet wird, jedoch dem Prozess der eigentlichen Führungskräftenachfolge und der damit einhergehenden Wissensmanagementaufgaben kein großer Teil der Ausbildung gewidmet ist. Es ist auch keinerlei Systematik für den Wissenstransfer von Übergeberin oder Übergeber und Übernehmerin oder Übernehmer zu erkennen. Natürlich besteht, aufgrund der Tatsache, dass der Großteil der Nachfolgerinnen und Nachfolger aus dem Unternehmen entstammt, die Möglichkeit, das diese Nachfolgerinnen und Nachfolger sich im Laufe der Jahre durch Erfahrung, Beobachtung, etc. den Großteil des notwendige Wissens angeeignet haben, bestätigt oder widerlegt werden kann dies vom Experten allerdings nicht.

---

[376] Vgl. Interview O, Seite 143.

4. Wissensmanagement in der Führungskräftenachfolge aus Praxissicht

Die vorangegangenen Kapitel wurde das Thema Wissensmanagement in der Führungskräftenachfolge theoretisch erarbeitet und anschließend aus Expertensicht analysiert. Die theoretische Sichtweise liefert den Aussagen dazu, wie Wissensmanagement in der Führungskräftenachfolge sein kann und soll. Die Expertenbefragung liefert die Antworten auf die Frage, wie die aktuelle Situation in den Raiffeisenbanken in Kärnten ist. Beide Teile bieten somit die Grundlage für die Praxissicht. In den Interviews soll von den befragten Führungskräften versucht werden zu erfahren, wie das Thema Wissensmanagement in der Führungskräftenachfolge erlebt wurde, als die Führungskräfte die Stelle übernommen haben und welchen Stellenwert das Thema Wissensmanagement in der Führungskräftenachfolge haben wird, wenn die Führungskräfte sich auf ihre Übergabe vorbereiten. Weiters werden die Geschäftsleiter nach ihren Erwartungen an das Wissensmanagement und nach den Erfolgsfaktoren im Wissensmanagement befragt. In Kap. 1.3 (*Aufbau und Methodik*) wurde die Forschungsmethode und das Forschungsdesign für dieses Kapitel bereits vorgestellt und die Gründe für die Wahl der Forschungsmethode und des Forschungsdesigns erklärt.

4.1. Auswahlkriterien

Regionalbanken unterscheiden sich von national und international tätigen Großbanken mit Filialstruktur grundlegend. Regionalbanken unterhalten Zweigstellen nur in einem geographisch abgegrenzten Raum. Ihr Geschäftsradius kann allerdings auch über diesen Raum hinausgehen. Regionalbanken finden sich in unterschiedlichen Größenordnungen. Kleinere Regionalbanken haben oftmals wenige oder gar keine Zweigstellen. Größere

Institute weisen in ihrer Region oftmals ein dichtes Filialnetz auf. Prinzipiell sind alle Regionalbanken – unabhängig von ihrer Größe – Universalbanken, das bedeutet, dass sie sich auf keinen Geschäftszweig spezialisieren[377], sondern eine breite Palette an Finanzdienstleistungen anbieten. Regionalbanken sind häufig im besonderen Maße mit der Wirtschaft ihres engeren Gebietes geschäftsmäßig verbunden.[378]

Wie schon in Kap. 1.3 (*Aufbau und Methodik*) erklärt, geht es in der Befragung um persönliche Erfahrungen, Erwartungen, Verbesserungsvorschläge, aber auch um Misserfolge bezogen auf das Thema Wissensmanagement in der Führungskräftenachfolge. Der Autor dieser Arbeit ist seit über zehn Jahren in einer Raiffeisenbank in Zentralkärnten als Angestellter tätig und hat über diesen Zeitraum Kontakte und Beziehungen zu Mitarbeitern und auch Führungskräften anderer Banken aus diesem Raum aufgebaut. Es wurde daher in der Auswahl der Untersuchungsobjekte bewusst Wert darauf gelegt, nicht Führungskräfte zu interviewen, zu denen bereits ein langjähriger persönlicher Kontakt besteht, um die ehrliche und offenen Antwortbereitschaft der Interviewpartner – speziell in Bezug auf eventuelle Misserfolge, aber auch in Bezug auf Nachbarschaftskonkurrenz – nicht zu beeinflussen und die Unabhängigkeit und Objektivität des Autors in den Interviews zu gewährleisten beziehungsweise bestmöglich sicherzustellen.[379] Aus diesem Grund werden zwei Führungskräfte von Banken aus Oberkärnten und drei Führungskräfte von Banken aus Unterkärnten befragt, wobei die Auswahl nach dem Zufallsprinzip gefällt wurde. (Vgl. Kap. 4.3. *Die Interviewpartner*) Bei allen befragten Führungskräften handelt es sich um Personen, die zumindest in den nächsten zehn bis zwölf Jahren aus ihrer Führungsposition ausscheiden. Zwei der befragten Führungskräfte scheiden in den nächsten fünf Jahren aus ihrer Funktion aus.

---

[377] Vgl. Albers (1978), S. 624f.
[378] Vgl. Büschgen/Börner (2003), S. 65f.
[379] Vgl. Hussy/Schreier/Echterhoff (2010), S. 266.

4.2. Die Raiffeisenorganisation

Mit 553 selbständigen regionalen Raiffeisenbanken mit insgesamt 2.209 Bankstellen, acht regional tätigen Landeszentralen und der Raiffeisen Zentralbank Österreich AG (RZB) als Spitzeninstitut, hat die Raiffeisenorganisation das dichteste Bankstellennetz des Landes. Rund 1,7 Millionen Österreicherinnen und Österreicher sind Mitgliederinnen und Mitglieder und damit auch Miteigentümerinnen und Miteigentümer von Raiffeisenbanken. Mehr als 40 Prozent aller Österreicherinnen und Österreicher sind Kundinnen und Kunden einer Raiffeisenbank. In Kärnten gibt es 47 selbständige regionale Raiffeisenbanken mit insgesamt 153 Bankstellen. Als Universal-Bankengruppe bietet die Raiffeisenbankgruppe seinen Kunden ein umfassendes Angebot in allen Finanzfragen.[380] Der Aufbau der Raiffeisenorganisation ist dreistufig, wie aus folgender Abbildung ersichtlich ist.

```
┌─────────────────────────────┐
│  553 Raiffeisenbanken       │
│  (2.209 Bankstellen)        │
└─────────────────────────────┘
              ▼
┌─────────────────────────────┐
│  8 Raiffeisenlandesbanken,  │
│  Zveza Bank                 │
└─────────────────────────────┘
              ▼
┌─────────────────────────────┐
│  Raiffeisen Zentralbank     │
│  Österreich AG              │
└─────────────────────────────┘
```

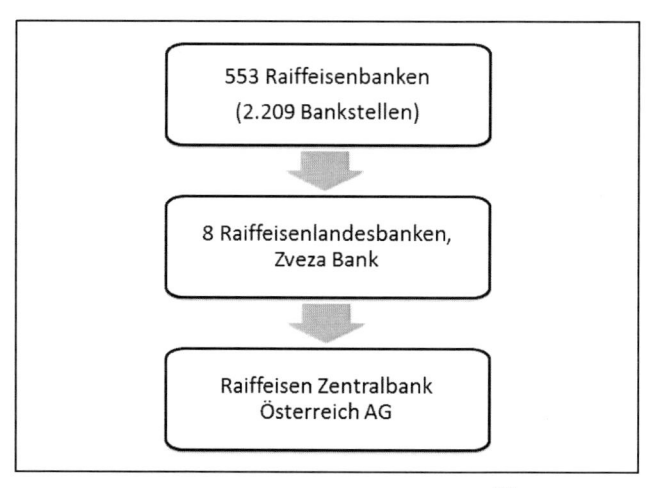

Abbildung 16: Die Raiffeisenbankengruppe[381]

---

[380] Vgl. Raiffeisen (2012a), o.S. Der Autor weist darauf hin, dass es sich hierbei – und bei allen anderen Dokumenten der Raiffeisenorganisation - um eine Quelle handelt, die vom Unternehmen zur Verfügung gestellt worden ist.
[381] Quelle: leicht modifiziert aus: Raiffeisen (2012b), o.S.

Die selbständigen regionalen Raiffeisenbanken sind Eigentümerinnen der jeweiligen Landeszentrale des Bundeslandes. Die Landeszentralen sind wiederum wesentliche Eigentümerinnen der Raiffeisen Zentralbank Österreich AG. Durch diese dezentrale dreistufige Struktur wird ein wichtiges Prinzip der Raiffeisenorganisation – die Regionalität – realisiert.[382] Üblicherweise sind die selbständigen regionalen Raiffeisenbanken als Erwerbs- und Wirtschaftsgenossenschaften in der Rechtsform der registrierten Genossenschaft mit beschränkter Haftung organisiert.[383]

4.3. Die Interviewpartner

Die Interviewpartner sowie die Unternehmen, die sie leiten, werden in diesem Teil der Arbeit vorgestellt. Bei allen Unternehmen handelt es sich um selbständige Regionalbanken die als registrierte Genossenschaften mit beschränkter Haftung organisiert sind. Die Führung dieser Banken erfolgt durch zwei Geschäftsleiter[384], von denen jeweils einer interviewt wurde. Zur besseren Übersicht über die Untersuchungsobjekte dient folgende Abbildung.

---

[382] Vgl. Raiffeisen (2012b), o.S.
[383] Vgl. Raiffeisen (2012c), o.S.
[384] Vgl. BGBl 107/2010

RB Lurnfeld-Reißeck	
Bilanzsumme in Millionen:	76
Mitarbeiter:	19
Bankstellen:	3

RB Völkermarkt	
Bilanzsumme in Millionen:	132
Mitarbeiter:	26
Bankstellen:	3

RB Oberdrauburg	
Bilanzsumme in Millionen:	27
Mitarbeiter:	6
Bankstellen:	1

RB Eberndorf	
Bilanzsumme in Millionen:	254
Mitarbeiter:	67
Bankstellen:	7

RB Bleiburg	
Bilanzsumme in Millionen:	85
Mitarbeiter:	18
Bankstellen:	1

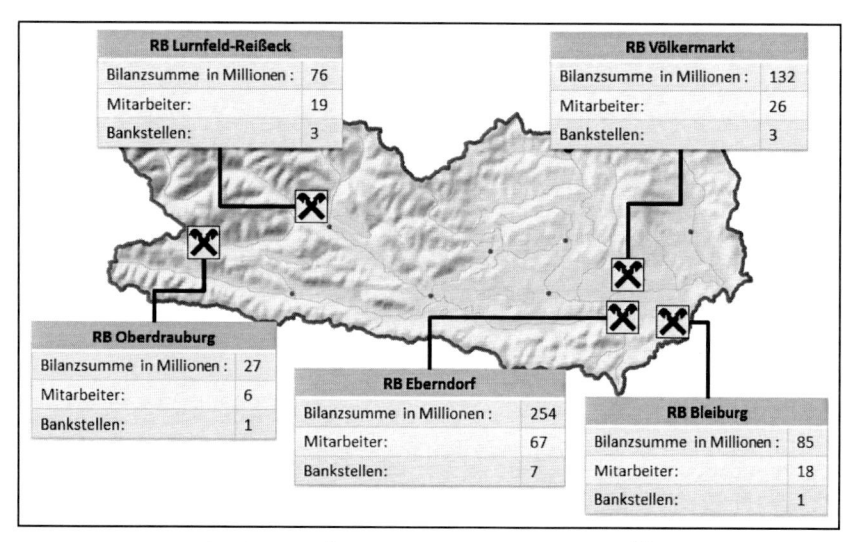

Abbildung 17: Übersicht der Untersuchungsobjekte[385]

Den Interviewpartnern wurde zwei Wochen vor dem Gespräch zur Gesprächsvorbereitung ein Interviewleitfaden mit folgenden Punkten übermittelt:

- Fragen zur Person und zum Unternehmen
- Fragen zum eigenen Führungswechsel
- Fragen zur Wissensweitergabe in der Führungskräftenachfolge
- Fragen zu Erfahrungen und Erwartungen in der Wissensweitergabe

Die Interviews mit den GL fanden in den Räumlichkeiten der jeweiligen Bank statt. Die Informationen zu Ausbildung und Karriereweg der befragten Geschäftsleiter stammen aus den nicht transkribierten Teilen der Interviews.

---

[385] Quelle: eigene Darstellung.

4.3.1. Raiffeisenbank Bleiburg

Die Raiffeisenbank Bleiburg ist eine selbständige Erwerbs- und Wirtschaftsgenossenschaft mit Sitz in Bleiburg. Gegründet wurde das Unternehmen im Jahr 1941. Die RB Bleiburg zählt mit einer Bilanzsumme von 85 Millionen Euro im Jahr 2010 und mit 18 Mitarbeiterinnen und Mitarbeitern zu den mittelgroßen Raiffeisenbanken in Kärnten. Die RB Bleiburg verfügt über keine weiteren Filialen oder Geschäftsstellen. Die Geschäftsleiter der RB Bleiburg sind David Albert und Josef Piko. Beide üben diese Funktion seit dem Jahr 1996 aus.[386] Als Gesprächspartner für das Führungskräfteinterview stand GL Josef Piko zur Verfügung. GL Josef Piko absolvierte eine allgemeinbildende höhere Schule und startete seine berufliche Karriere im Jahr 1972 in der Bank für Kärnten und trat im Jahr 1980 in die RB Bleiburg ein. Im Jahr 1996 wechselte Josef Piko in die Geschäftsleitung. Josef Piko scheidet im Jahr 2013 als GL aus und geht in Pension. Die potentielle Nachfolgerin beziehungsweise der potentielle Nachfolger befindet sich bereits im Unternehmen.

4.3.2. Raiffeisenbank Eberndorf

Die Raiffeisenbank Eberndorf ist eine selbständige Erwerbs- und Wirtschaftsgenossenschaft mit Sitz in Eberndorf. Gegründet wurde das Unternehmen im Jahr 1890. Die RB Eberndorf zählt mit einer Bilanzsumme von 254 Millionen Euro im Jahr 2010 und mit 67 Mitarbeiterinnen und Mitarbeitern zu den größten Raiffeisenbanken in Kärnten. Die RB Eberndorf verfügt über weitere Geschäftsstellen in Bad Eisenkappel, Gallizien, Kühnsdorf, St. Kanzian, Sittersdorf und Tainach. Die Geschäftsleiter der RB Eberndorf sind Peter Mauthner und Franz Riegel. Sie üben diese Funktion seit dem Jahr 1999 beziehungsweise 1982 aus.[387] Als Gesprächspartner für das Führungskräfteinterview stand GL Franz Riegel zur Verfügung. Franz Riegel ist

---

[386] Vgl. Firmenbuch (2012a), o.S.
[387] Vgl. Firmenbuch (2012b), o.S.

bereits seit 42 Jahren in der RB Eberndorf tätig und wird im Laufe der nächsten fünf Jahre in Pension gehen. Mehrere potentielle Nachfolgerinnen beziehungsweise Nachfolger sind bereits im Unternehmen beschäftigt.

4.3.3. Raiffeisen Bank Lurnfeld-Reißeck

Die Raiffeisen Bank Lurnfeld-Reißeck ist eine selbständige Erwerbs- und Wirtschaftsgenossenschaft mit Sitz in Möllbrücke. Gegründet wurde das Unternehmen im Jahr 1903. Die RB Lurnfeld-Reißeck zählt mit einer Bilanzsummer von 76 Millionen Euro und 19 Mitarbeiterinnen und Mitarbeitern zu den mittelgroßen Raiffeisenbanken in Kärnten. Die RB Lurnfeld-Reißeck verfügt über weitere Geschäftsstellen in Kolbnitz und Lendorf. Die Geschäftsleiter der RB Lurnfeld-Reißeck sind Michael Penker und Kurt Rainer. Sie über diese Funktion seit dem Jahr 2002 beziehungsweise 1996 aus.[388] Als Gesprächspartner für das Führungskräfteinterview stand GL Kurt Rainer zur Verfügung. Kurt Rainer begann seine berufliche Karriere im Jahr 1981 bei der RLB in der Revisionsabteilung und trat im Jahr 1983 in die RB Lurnfeld-Reißeck ein. Seit dem Jahr 1996 ist Kurt Rainer Geschäftsleiter. In nächster Zeit steht kein Wechsel an der Spitze des Unternehmens an.

4.3.4. Raiffeisenbank Oberdrauburg

Die Raiffeisenbank Oberdrauburg ist eine selbständige Erwerbs- und Wirtschaftsgenossenschaft mit Sitz in Oberdrauburg. Gegründet wurde das Unternehmen im Jahr 1907. Die RB Oberdrauburg zählt mit einer Bilanzsumme von 27 Millionen Euro im Jahr 2010 und mit sechs Mitarbeiterinnen und Mitarbeitern zu den kleinsten Raiffeisenbanken in Kärnten. Die RB Oberdrauburg verfügt über keine weiteren Filialen oder Geschäftsstellen. Die Geschäftsleiter der RB Oberdrauburg sind Franz Brandstätter und Stefan

---

[388] Vgl. Firmenbuch (2012c), o.S.

Brandstätter. Sie üben diese Funktion seit dem Jahr 1985 beziehungsweise seit dem Jahr 1984 aus.[389] Als Gesprächspartner für das Führungskräfteinterview stand GL Stefan Brandstätter zur Verfügung. Stefan Brandstätter absolvierte eine wirtschaftliche Ausbildung und trat 1973 in die RB Oberdrauburg ein. 1984 wechselte er in die Geschäftsleitung, wo er bis heute tätig ist. Die Pensionierung steht in den nächsten Jahren im Unternehmen nicht an. Es sind auch alle Führungspositionen besetzt.

4.3.5. Raiffeisenbank Völkermarkt

Die Raiffeisenbank Völkermarkt ist eine selbständige Erwerbs- und Wirtschaftsgenossenschaft mit Sitz in Völkermarkt. Gegründet wurde das Unternehmen im Jahr 1938. Die RB Völkermarkt zählt mit einer Bilanzsumme von 132 Millionen Euro und 26 Mitarbeiterinnen und Mitarbeitern zu den mittelgroßen Raiffeisenbanken in Kärnten. Die RB Völkermarkt verfügt über Bankstellen in Griffen und Ruden. Die Geschäftsleiter der RB Völkermarkt sind Günther Barkowits und Gerhard Kaspurz. Sie üben diese Funktion seit dem Jahr 1999 beziehungsweise seit dem Jahr 1988 aus.[390] Als Gesprächspartner für das Führungskräfteinterview stand GL Günther Barkowits zur Verfügung. Günther Barkowits begann seine berufliche Karriere im Jahr 1982 in der RLB, wo er bis zum Jahr 1999 in der Innenrevision tätig war. Im Jahr 1999 wechselte Günther Barkowits in die GL der RB Völkermarkt. Im Unternehmen steht in den nächsten Jahren ein Wechsel in der GL an.

4.4. Ergebnisse aus den Interviews

Im folgenden Abschnitt werden die Ergebnisse aus den Interviews vorgestellt. Es ist festzuhalten, dass die in den Interviews erhobenen Daten als Reaktion auf

---

[389] Vgl. Firmenbuch (2012d), o.S.
[390] Vgl. Firmenbuch (2012e), o.S.

bestimmte Fragen und die spezifische Interviewsituation zu verstehen sind.[391] *„Jede Befragung beinhaltet Aussagen über die soziale Wahrheit, erfasst aber diese soziale Wirklichkeit selbst nur ausschnittsweise."*[392] Das bedeutet auch, dass neben der Problematik der Reliabilität und Validität dieser qualitativ gewonnen Daten auch die Datenauswertung ein Problem darstellt.[393] Zusätzlich problematisch ist die Tatsache, dass die gewonnenen Daten anonymisiert werden mussten. (Vgl. Kap. 1.3. *Aufbau und Methodik*)

Als Auswertungsmethode wird die qualitative Inhaltsanalyse gewählt. Die Stärke dieser Methode ist, dass sie, methodisch geleitet, das Material – in diesem Fall die fünf Interviews – schrittweise analysiert.[394] Nachstehende Abbildung zeigt den Prozess grafisch.

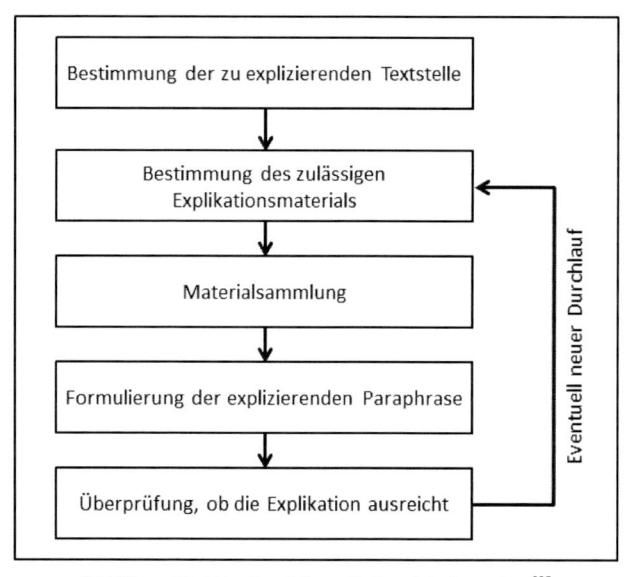

Abbildung 18: Ablaufmodell qualitativer Inhaltsanalyse[395]

---

[391] Vgl. Atteslander (2008), S. 160.
[392] Atteslander (2008), S. 160.
[393] Vgl. Diekmann (2002), S. 451.
[394] Vgl. Mayring (2002), S. 114.
[395] Quelle: leicht modifiziert aus: Mayring (2002), S. 119.

Die mit dieser Methode einhergehende Technik inhaltsanalytischer Zusammenfassung lässt sich zur Kategorienbildung nutzen. Spezifische Textstellen können den einzelnen Kategorien zugeordnet werden.[396] Diese Textstellen werden in eine, auf den Inhalt beschränkte, beschreibende Form gebracht und niedergeschrieben. Diese Umschreibung nennt sich Paraphrasierung. Eine Paraphrase ist eine erklärende Umschreibung des Sachverhaltes, also eine Formulierung, die an Stelle des ursprünglichen Materials gestellt werden kann. Abschließend erfolgt eine Interpretation der zusammenfassenden, qualitativen Inhaltsanalyse.[397] Diese Interpretation findet sich im Rahmen der Beantwortung der Forschungsfragen wieder. (Vgl. Kap. 4.5. *Antworten auf Forschungsfragen*) Als Ergebnis dieses Forschungsprozesses lassen sich Hypothesen entwickeln (Vgl. Kap. 5. *Conclusio*), die in weiterer Folge durch quantitative Forschungsmethoden geprüft werden können.[398]

4.4.1. Ausformungen und Erfahrungen im Wissensmanagement in der Führungskräftenachfolge in der Praxis

Im folgenden Abschnitt werden die Ausformungen und Erfahrungen im Wissensmanagement in der Führungskräftenachfolge in der Praxis nach Kategorien geordnet abgehandelt.

4.4.1.1. Wissenstypologien aus Praxissicht

Es kann gesagt werden, dass Wissensmanagement in der Führungskräftenachfolge in der Praxis betrieben wird, wenn auch teilweise in reduzierterer Form, als es in der Theorie der Fall ist. Das Bewusstsein, dass Wissen mehr ist, als bloße Datenbanken und Handbücher, sondern eben einen expliziten und impliziten Teil hat, war bei allen Untersuchungsobjekten

---
[396] Vgl. Mayring (2002), S. 114ff.
[397] Vgl. Mayring (2002), S. 111.
[398] Vgl. Flick (2009), S. 201.

vorhanden. In der Theorie beschriebene Konzepte oder Tools, wie beispielsweise CoP, Debriefing, Lessons Learned oder Story Telling werden in den befragten Unternehmen in der Führungskräftenachfolge nicht eingesetzt. In folgender Tabelle sind wesentliche Zitate der Interviewpartner zu dem impliziten Teil von Wissen dargestellt.

I1	„Und in den zwei Jahren danach lernt er noch die Philosophie und so weiter kennen, (…)"[399]
I2	„Ich glaube, man hat ein gewisses Gespür. (…) Wenn ich das habe, kann ich das nicht übertragen. (…) Das funktioniert nicht."[400]
I3	„Das, wie wir ticken, (…) das kann nur eine Mischung aus dem zur Verfügung stellen von vielen Unterlagen (…) und, viel wichtiger, Gesprächen sein."[401]
I4	„Es hat natürlich Wissensweitergabe über Hintergründe gegeben." (…) „Da geht es um Stimmungen, wohlfühlen, (…)"[402]
I5	„Es geht darum, die Kontinuität zu bewahren im Ablauf (…)"[403]

Tabelle 6: Der implizite Teil des Wissens[404]

Ansatzweise ist der implizite Wissenstransfer über Metaphern vorhanden, wenngleich nicht im Prozess der Führungskräftenachfolge. *„Zum Beispiel frage ich den Mitarbeiter, wie er unsere Bank beschreiben würde, wenn die Bank ein Auto wäre."*[405]

Zusammenfassende Paraphrasierung:

Wissensmanagement wird nicht als ganzheitlicher, systemischer Prozess gesehen, da die theoretische Basis dafür nicht vorhanden ist. Wissensmanagement wird punktuell, problembezogen und teilweise intuitiv betrieben. Einen großen Stellenwert hat explizites Wissen und dessen Transfer. Man ist sich bewusst, dass implizites Wissen existiert.

---

[399] Interview 1, S. 152.
[400] Interview 2, S. 159.
[401] Interview 3, S. 163.
[402] Interview 4, S. 175.
[403] Interview 5, S. 180.
[404] Quelle: eigene Darstellung.
[405] Interview 2, S. 158.

4.4.1.2. Erfahrungswissen aus Praxissicht

Bei allen Befragten stellte sich heraus, dass Erfahrungswissen einen sehr hohen Stellenwert hat und ein wesentlicher Faktor für erfolgreiches Leiten eines Unternehmens ist. Wie bereits in Kap. 2.1.2. (*Erfahrungswissen*) gezeigt wurde, enthält das Erfahrungswissen einen sehr hohen impliziten Teil, der nur schwer oder gar nicht übertragbar ist. Hier geht es eher um Erfahrung, die die Führungskräfte im Laufe der Jahre selbst gemacht haben – also um das individuelle Lernen – als um den Transfer des Erfahrungswissens.

I1	„Ergänzt durch die Erfahrung, die man macht (…)"[406]
I2	„Das was ich gelernt habe, das kann ein GL in einem Haus, in dem es ruhig abgeht, niemals lernen."[407]
I3	„Ich habe extrem wenig direkte Einschulung genossen. Brauchte diese nicht und hätte diese auch nicht haben wollen, (…)"[408]
I4	„Wenn du engagiert warst, nicht ganz dumm, bereit dazuzulernen, dann hast du relativ einfach Führungsaufgaben übernehmen können. (…) Man lernt ja im Zuge der Praxis so viel"[409]
I5	„Ich habe das Bankgeschäft von der Pike auf gelernt. (…) Ich muss sagen, dadurch dass ich alles durchlaufen bin, habe ich alles gewusst. Das lernt man nur vor Ort."[410]

Tabelle 7: Vom Lernen zur Erfahrung[411]

Ein Beispiel für impliziten Transfer von Erfahrungswissen wird in Kap. 4.4.1.4 (*Wissenstransfer aus Praxissicht*) vorgestellt.

Zusammenfassende Paraphrasierung:
Erfahrungswissen ist der Schlüssel zur erfolgreichen Bewältigung von Führungsaufgaben und kann hauptsächlich über eigenes Lernen entstehen.

---

[406] Interview 1, S. 153.
[407] Interview 2, S. 157.
[408] Interview 3, S. 164.
[409] Interview 4, S. 172.
[410] Interview 5, S. 180.
[411] Quelle: eigene Darstellung.

4.4.1.3. Expertenwissen und Wissensträger aus Praxissicht

Experten- oder Spezialistenwissen ist in den Banken vorhanden. Die Befragten sind sich der Tatsache bewusst, dass der Verlust von Expertenwissen problematisch sein kann.

I1	_[412]
I2	„Ich muss dazu sagen, es wäre ein brutaler Verlust, (…)"[413]
I3	„Großes Problem. (…) Diese Dinge kann nur er. Es gelingt mir nicht, die parallel gleiche Qualität aufzubauen."[414]
I4	„Es holpert und würde sicher mühsam sein."[415]
I5	„Ich versuche in der Kommunikation möglichst breit aufgestellt zu sein."[416]

Tabelle 8: Verlust von Expertenwissen[417]

Trotz des Bewusstseins der Problematik des Verlustes von Expertenwissen, sehen die Führungskräfte im potentiellen Verlust von Expertenwissen im Unternehmen keinen Handlungsbedarf. *„Wenn er morgen nicht mehr da wäre, täte ich mir aus heutiger Sicht wesentlich leichter als damals, weil ich das Unternehmen quasi im kleinen Finger habe."*[418]. Als weiterer Grund für den geringen Handlungsbedarf der Bewahrung von Expertenwissen wird die Wirtschaftlichkeit genannt. *„Weil es nicht effizient ist. Ich kann nur einen Notfallplan machen. (…) Oder ich kaufe jemanden zu."*[419], *„Ich gehe aber immer davon aus, dass sich ein anderer Mitarbeiter sehr schnell in dieser Rolle entwickeln kann. (…) Ich kann nicht für jede Stelle jemanden parat haben."*[420], *„Das geht sich in der Ertragsrechnung nicht aus."*[421] Im direkten Prozess der

---

[412] In diesem Fall war auf Grund des Interviewverlaufes keine eindeutige Kategorisierung möglich. Dies gilt auch für alle weiteren Stellen, an denen keine Aussage eines Interviewpartners steht.
[413] Interview 2, S. 157.
[414] Interview 3, S. 166.
[415] Interview 4, S. 174.
[416] Interview 5, S. 183.
[417] Quelle: eigene Darstellung.
[418] Interview 2, S. 157.
[419] Interview 3, S. 166.
[420] Interview 4, S. 174.
[421] Interview 5, S. 183.

Führungskräftenachfolge hat das Expertenwissen keine Relevanz, da das, für die Übernahme der Führungsposition nötige Expertenwissen – das Bankfachwissen – Voraussetzung für die Übernahme der Führungsposition ist, wie in folgender Tabelle zu erkennen ist.

I1	„Die Standards, wie den Bankmanagerlehrgang, setzen wir voraus."[422]
I2	-
I3	„Fachlich ist es ohnehin meistens Voraussetzung."[423]
I4	„Das beginnt mit der Ausbildung, mit einem AC zum Beispiel, (…). Wir lassen in Jahresintervallen den Bankmanager machen."[424]
I5	„Es geht ja nicht nur um das Fachwissen. (…) Das reine Fachwissen wird ohnehin in Schulungen vermittelt."[425]

Tabelle 9: Fachwissen als Voraussetzung[426]

Zusammenfassende Paraphrasierung:
Im Prozess der Führungskräftenachfolge eignet sich die Nachfolgerin oder der Nachfolger im Rahmen des Ausbildungsprozesses Expertenwissen an. Personen- oder gruppenbezogenes Expertenwissen ist eher vorhanden, je größer die Bank ist. Mit dem plötzlichen Verlust von Expertenwissen gehen tiefgreifende Einschnitte im Unternehmen einher, jedoch ist es ineffizient, auf diesen Fall vorbereitet zu sein.

4.4.1.4. Wissenstransfer aus Praxissicht

Folgendes Zitat kann als Praxisbeispiel für impliziten Wissenstransfer gesehen werden.

---

[422] Interview 1, S. 152.
[423] Interview 3, S. 165.
[424] Interview 4, S. 178.
[425] Interview 5, S. 182.
[426] Quelle: eigene Darstellung.

„Ich hole mir die Betreffenden und wir gehen den Fall durch. (...) Man lernt ja im Zuge der Praxis so viel. Da tauchen so viele Fragen erst auf. (...) Aber zum Beispiel habe ich dem Nachfolger gesagt, wenn eine Tagsatzung bei Gericht ansteht, dass er mitgehen soll, um sich das alles einmal anzusehen. Wo und wie das abläuft (...) Damit die Fehler nicht passieren, die mir selbst passiert sind. (...) Solche primitiven Sachen muss man vermitteln. (...) Da geht es um die Stimmung vor Ort, wie das ist, wie das aussieht. (...) Diese Sachen muss man sich anschauen. (...) Das ist seminarmäßig nicht erlernbar."[427]

Der Schlüssel zum Wissenstransfer ist eine solide Fachausbildung kombiniert mit offener und ehrlicher Kommunikation. Die Problematik des Transfers von Erfahrungswissen wird in einigen Banken gelöst, in dem man eine interne, anstelle einer externen, Folgeregelung bevorzugt.

I1	„Die interne, absolut. Wenn extern, dann muss derjenige aus dem [Anm.: Raiffeisen]Sektor kommen."[428]
I2	„Absolut die interne. Wenn diese vorhanden ist."[429]
I3	„Ein Vorteil ist, wenn derjenige aus dem [Anm.: Raiffeisen]Sektor kommt. (...) Wenn wir einen Kandidaten aus dem Haus gehabt hätten, dann hätte der das machen sollen."[430]
I4	„Ich bin überzeugt davon, dass es einen internen Nachfolger gibt, (...). In einem Normalzustand bin ich absolut für eine interne Lösung."[431]
I5	„Wir versuchen, hausintern die Leute in die Richtung zu lenken und diese auszubilden. (...) Ich bin halt auf der internen Linie. Die andere ist für mich nur theoretisch.[432]

Tabelle 10: Interne versus externe Folgeregelung[433]

---

[427] Interview 5, S. 183.
[428] Interview 1, S. 152.
[429] Interview 2, S. 158.
[430] Interview 3, S. 167.
[431] Interview 4, S. 176.
[432] Interview 5, S. 183.
[433] Quelle: eigene Darstellung.

Diese Variante der internen Führungskräftenachfolge hat den Vorteil, dass schwer übertragbare – implizite – Wissensbestandteile nicht übertragen werden müssen. Durch diese Internalisierung (Vgl. Kap. 2.5.4. *Internalisierung: von explizit zu implizit*) hat die Nachfolgerin oder der Nachfolger durch langjährige Unternehmenszugehörigkeit die Möglichkeit, sich Erfahrungswissen aufzubauen.

Problematisch kann in diesem Zusammenhang allerdings die Tatsache gesehen werden, dass junge Mitarbeiterinnen und Mitarbeiter in den letzten Jahren eine höhere Wechselbereitschaft gezeigt haben, als jemals zuvor. Durch die zunehmende Fluktuation wird es für Unternehmen in Zukunft schwerer werden, Mitarbeiterinnen und Mitarbeiter über Jahrzehnte an das Unternehmen zu binden.[434] Diese Problematik wurde auch im Rahmen der geführten Interviews thematisiert. *„Das Zukaufen wird aber die teurere Version sein."*[435], *„wir rekrutieren Mitarbeiter sehr oft aus Praxissemestern oder Diplomarbeitsbetreuung. (...) Es ist aber zunehmend schwierig, gute Leute zu bekommen."*[436]

Bezogen auf das SECI-Modell von Nonaka/Takeuchi und mit Blick auf Kap. 2.5. (*Wissenstransfer und Wissensumwandlung*) lässt sich – ausgehend von den Interviews – folgende Tabellenmatrix erstellen.

	I1	I2	I3	I4	I5
Sozialisation	JA	JA	JA	JA	JA
Externalisierung	NEIN	NEIN	JA	NEIN	NEIN
Kombination	JA	JA	JA	JA	JA
Internalisierung	JA	JA	JA	JA	JA

Tabelle 11: Wissenstransfer in Regionalbanken[437]

---

[434] Vgl. Seebacher/Klaus (2004), S. 75ff.
[435] Interview 5, S. 184.
[436] Interview 4, S. 179.
[437] Quelle: eigene Darstellung.

Einem Interviewpartner wurde ein „JA" zugeordnet, wenn zumindest ein Gesprächsteil im Interview ein Anzeichen für eine Form der Wissensumwandlung enthielt. Es wurde keine Rücksicht auf die Intensität oder Methodik der Anwendung einer Form der Wissensumwandlung gelegt.

Zusammenfassende Paraphrasierung:
Wissenstransfer erfolgt über persönliche oder technische Kommunikation. Man ist sich der Schwierigkeit des Transfers von implizitem Wissen bewusst. Methoden zum Transfer von implizitem Wissen sind nicht vorhanden und werden auch nicht als sinnvoll angesehen. Durch die Lernerfahrung eignen sich die Nachfolgerinnen und Nachfolger eigenes Erfahrungswissen an. Durch eine bevorzugte interne Nachfolgeregelung im Unternehmen hat man sich Großteils der Frage des impliziten Wissenstransfers nicht stellen müssen.

4.4.1.5. Wissensverlust aus Praxissicht

Wissensverlust hat eine positive Komponente. Es entstehen neues Wissen und neue Ideen. Die befragten Führungskräfte sehen den Zeitpunkt ihrer Übergabe als Chance für die Übernehmerin oder den Übernehmer, ihre oder seine eigenen Wege zu gehen. Die Fragestellung zur Relevanz ihres eigenen Wissens für die Nachfolge ergab folgende Antworten.

I1	„Wenn jemand geht, dann ist Platz für Neues. (…) Das muss man zulassen."[438]
I2	„Wenn man abgeschlossen hat, ist es vorbei. (…) Wichtig ist, dass derjenige in die richtige Richtung findet, mit welchem Werkzeug er das macht, ist egal."[439]
I3	„Ich will ihm keine Entscheidungen in die Zukunft mitgeben. Nichts einreden. (…) Entscheiden muss der Neue."[440]
I4	„Überhaupt nicht. (…) Ich habe nicht vor, den Lehrmeister zu spielen."[441]
I5	„Ja und ich versuche das über die Praxis zu transportieren. Das versuche ich schon."[442]

Tabelle 12: Relevantes Wissen für die Nachfolge[443]

Zusammenfassende Paraphrasierung:
Nicht alles Wissen ist bewahrenswürdig. Der Wechsel in der Führungsposition eröffnet neue Chancen und gibt Raum für neue Ideen. Die zukünftige Relevanz des eigenen Wissens für die Nachfolgerin oder den Nachfolger ist nicht gegeben.

4.4.1.6. Instrumente des Wissensmanagement aus Praxissicht

Bemerkt werden muss an dieser Stelle die Tatsache, dass mit dem Thema der Instrumente des Wissensmanagement ein hoher Technikbezug verbunden ist. Die Einführung einer technischen Lösung oder IKT als Informationsplattform oder Informationsmedium wird als Wissensmanagement betrachtet.

---

[438] Interview 1, S. 153.
[439] Interview 2, S. 159.
[440] Interview 3. S. 169.
[441] Interview 4, S. 178.
[442] Interview 5, S. 184.
[443] Quelle: eigene Darstellung.

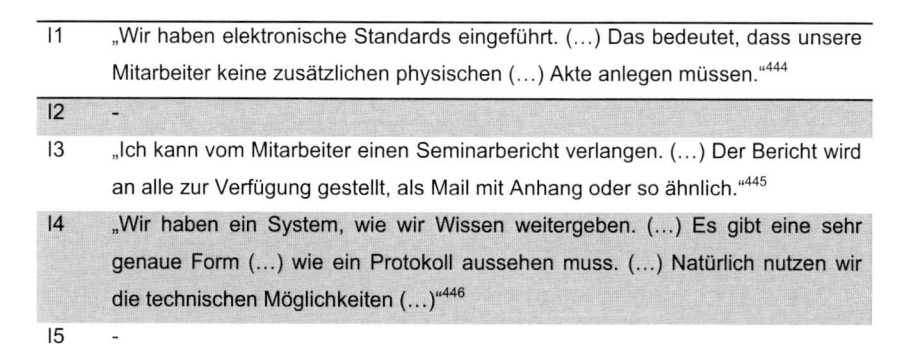

I1	„Wir haben elektronische Standards eingeführt. (…) Das bedeutet, dass unsere Mitarbeiter keine zusätzlichen physischen (…) Akte anlegen müssen."[444]
I2	-
I3	„Ich kann vom Mitarbeiter einen Seminarbericht verlangen. (…) Der Bericht wird an alle zur Verfügung gestellt, als Mail mit Anhang oder so ähnlich."[445]
I4	„Wir haben ein System, wie wir Wissen weitergeben. (…) Es gibt eine sehr genaue Form (…) wie ein Protokoll aussehen muss. (…) Natürlich nutzen wir die technischen Möglichkeiten (…)"[446]
I5	-

Tabelle 13: Die elektronische Komponente von Wissensmanagement[447]

Ebenfalls wird die Aneignung von Fachwissen über Kurse, Seminare und Literatur als Wissensmanagement empfunden. Ausbildungsstandards sorgen für eine solide Wissensbasis, genauso wie das langfristige Binden von Mitarbeiterinnen und Mitarbeitern an das Unternehmen. Es lässt sich an dieser Stelle feststellen, dass Instrumente, die beispielsweise in Kap. 2.8.1. (*Ausgewählte Instrumente und Methoden des Wissensmanagement*) vorgestellt wurden, wie etwa CoP, Debriefing, Lessons Learned oder Story Telling in der Praxis nicht angewendet werden.

Zusammenfassende Paraphrasierung:

Die Implementierung von Wissensmanagement in das Unternehmen kann über technische Lösungen erfolgen.

---

[444] Interview 1, S. 150.
[445] Interview 3, S. 169f.
[446] Interview 4, S. 174f.
[447] Quelle: eigene Darstellung.

4.4.2. Erwartungen an Wissensmanagement in der Führungskräftenachfolge

Befragt auf den optimalen Prozess der Übergabe an die Nachfolgerin oder den Nachfolger gilt ein Zeitrahmen von etwa fünf Jahren, in denen die potentielle Nachfolgerin oder der potentielle Nachfolger für die Aufgabe der Übernahme der Führungsposition vorbereitet wird. Es kommt nicht unbedingt darauf an, dass jemand für die Stelle geeignet ist, sondern vielmehr darum, die Aufgabe wahrnehmen zu wollen. *„Er soll sich überlegen, ob die Arbeit das ist, was ich wirklich machen will. (…) Bei Mitarbeitern geht es oft nicht um das Können. Es geht um das Wollen und Dürfen."*[448] Endgültig initiiert wird dieser Prozess von der Führungskraft, die die Stelle übergibt. In diesem Zeitraum wird die fachliche Ausbildung vollendet und die Nachfolgerin oder der Nachfolger in das laufende Geschäft schrittweise eingebunden. Die Nachfolgerin oder der Nachfolger soll die Möglichkeit erhalten, über Projekte Eigenverantwortung zu entwickeln und strategisches Denken zu fördern. Der Nachwuchsführungskraft wird die Möglichkeit eröffnet, zu wachsen und sich zu entwickeln. Es findet eine laufende Begleitung durch die Übergeberin oder den Übergeber statt. Während dieser Zeit kommt es laufend zu Feedback und Gesprächen zwischen den Beteiligten. Die Planung nimmt im Übergabeprozess einen hohen Stellenwert ein. Ziele, die während der Übergabephase zu erreichen sind, werden in kurzfristigen Perioden evaluiert, um eventuell differierende Meinungen und Sichtweisen abzustimmen. Spätestens dem letzten Arbeitstag der Übergeberin oder des Übergebers soll der Prozess der Führungskräftenachfolge abgeschlossen sein.

---

[448] Interview 4, S. 177.

4.4.3. Erfolgsfaktoren für Wissensmanagement in der Führungskräftenachfolge aus Praxissicht

In Kap. 2.8 (*Erfolgsfaktoren des Wissensmanagement*) wurde schon festgehalten, dass es keine allgemein gültigen Regeln und Vorgehensweisen für erfolgreiches Wissensmanagement gibt. Vielmehr geht es um *(...) die über alle Individuen akkumulierte, persönlich und kollektiv wahrgenommenen Zufriedenheit eines Organisationsmitglieds mit der Qualität des Wissens, der Qualität der Wissensversorgung und der Qualität der Wissensweitergabe in einem individuellen Arbeitsumfeld."*[449] In folgender Tabelle werden die, aus der theoretischen Bearbeitung des Forschungsthemas, ausgearbeiteten Erfolgsfaktoren mit den Erfolgsfaktoren der Interviewpartner gegenübergestellt. Zur besseren Übersicht wurden die genannten Erfolgsfaktoren aus dem Experteninterview, markiert als I0, in die Übersicht miteinbezogen. Zu bemerken ist an dieser Stelle, dass die Führungskräfte in den Interviews nicht direkt nach Erfolgsfaktoren im Wissensmanagement – im Gegensatz zum interviewten Experten - befragt wurden. Durch die indirekte Fragestellung ist es gelungen, nach den einzelnen Faktoren an den passenden Stellen im Verlauf des Interviews zu fragen. Es ist ebenfalls festzuhalten, dass nicht in allen Interviews explizit nach den folgenden sechs Erfolgsfaktoren gefragt wurde.

Erfolgsfaktoren des WM in der Theorie	I0	I1	I2	I3	I4	I5
Einbau in die Unternehmensstrategie	X					
WM geht von der Führung aus – es wird vorgelebt	X	X	X	X	X	X
Das Management fördert durch Anreize die Entwicklung einer Wissenskultur					X	X
Im Unternehmen existiert die nötige Fehlertoleranz					X	X
Vertrauen, Offenheit, Kreativität, Innovation	X	X	X	X	X	X
Lernschwächen erkennen und überwinden						

Tabelle 14: Erfolgsfaktoren des Wissensmanagement im Vergleich[450]

---

[449] Angerer/Lehner (2009), S. 43.
[450] Quelle: eigene Darstellung

Im Vergleich zu den in Kap. 2.8 (*Erfolgsfaktoren des Wissensmanagement*) erarbeiteten Erfolgsfaktoren, lässt sich festhalten, dass vorgelebtes Wissensmanagement und Vertrauen die Schlüsselfaktoren sind, die Wissensmanagement in der Führungskräftenachfolge begünstigen. Kommunikation ist die Grundlage dafür. Durch Kommunikation entsteht Vertrauen und Vertrauen ist die Basis für funktionierendes Wissensmanagement. Neben den bereits genannten Erfolgsfaktoren ist es der Aufbau eines Netzwerkes, der die persönliche Wissensbasis erweitert und Wissensmanagement in der Führungskräftenachfolge begünstigen kann. Selbständige Weiterbildung, über die internen Bildungs- und Weiterbildungsmöglichkeiten der RLB hinaus, fördert Wissensmanagement. Praktisches und vernünftiges Handeln lässt sich ebenfalls noch zu den Erfolgsfaktoren aus Praxissicht kategorisieren. *„Ich glaube, man hat ein gewisses Gespür. Das hat man einfach."*[451], *„Ich glaube einen guten GL macht die Kombination aus fachlicher Ausbildung, gutem Baugefühl und gesundem Hausverstand aus. Wenn man die drei Faktoren optimieren kann, sollte es recht gut laufen."*[452]

4.5. Antworten auf Forschungsfragen

In diesem Kapitel werden die Antworten auf die, in Kap. 1.2. (*Motivation, Fragestellung, Zielsetzung*) gestellten Forschungsfragen gegeben. Die Antworten auf die Forschungsfragen F1 bis F4 werden auf Grund der Erkenntnisse aus den Interviews gegeben. Die Antwort auf die Forschungsfrage F5 wird auf Grundlage der theoretischen Erarbeitung der Thematik sowie der Erkenntnisse aus dem Experteninterview gegeben.

Bei der Beantwortung der Forschungsfragen handelt es sich um eine Interpretation der Ergebnisse aus den Interviews. Der Autor ist sich der Problematik der Folgen von Interpretationen, wie etwa der unbewussten

---
[451] Interview 2, S. 159.
[452] Interview 5, S. 181.

Manipulation oder der Interpretationsfreiheit bewusst,[453] weshalb auf den ausführlich verfassten Theorieteil der Arbeit verwiesen werden kann. Der Leserin und dem Leser wird auf diese Weise die Möglichkeit gegeben, sich von der Interpretation der Ergebnisse ein eigenes Bild machen zu können. Weiters ist festzuhalten, dass durch die exemplarische Verallgemeinerung in der qualitativen Forschung keine Generalisierbarkeit der Antworten zu erzielen ist. Für eine Generalisierbarkeit ist in weiterer Folge beispielsweise eine quantitative Analyse zum Forschungsthema nötig.[454]

F1: Welche Erfahrungen haben Führungskräfte in Kärntner Regionalbanken mit Wissensmanagement in der Führungskräftenachfolge?

Sieht man sich die theoretische Erarbeitung des Themas Wissen (Vgl. Kap. 2.1. *Wissen* – Kap. 2.2.3.5. *Team-Lernen*) im Allgemeinen und des Themas Wissensmanagement (Vgl. Kap. 2.4. *Wissensmanagement* – 2.4.1.8. *Wissensbewertung*) im Speziellen an, so kann man festhalten, dass es in den Kärntner Raiffeisenbanken in Fragen der Führungskräftenachfolge keinen bewussten Theoriebezug gibt. Beispielsweise spielten in den Interviews die Themen der lernenden Organisation (Vgl. Kap. 2.2.3. *Die lernende Organisation*), Lernschwächen (Vgl. Kap. 2.2.2. *Lernschwächen*) oder die Bausteine des Wissensmanagements (Vgl. Kap. 2.4.1. *Bausteine des Wissensmanagements*) keine Rolle. Die Führungskräfte sind jedoch in der Lage, verschiedene Erscheinungsformen von Wissen (Vgl. Kap. 2.1.1. *Wissenstypologien* und Kap. 4.4.1.1. *Wissenstypologien aus Praxissicht*) voneinander zu unterscheiden. Ebenfalls ist hier festzuhalten, dass Wissensmanagement in der Führungskräftenachfolge betrieben wird. Welche Ausformungen dieses Wissensmanagement hat, wird mit der folgenden Forschungsfrage beantwortet.

---

[453] Vgl. Eco (2004), S. 287f.
[454] Vgl. Bortz/Döring (2006), S. 335f.

F2: Welche Ausformungen des Wissensmanagements in der Führungskräftenachfolge gibt es in Kärntner Regionalbanken?

Einen sehr hohen Stellenwert hat das Erfahrungswissen im Rahmen der Führungskräftenachfolge (Vgl. Kap. 2.1.2. *Erfahrungswissen* und Kap. 4.4.1.2. *Erfahrungswissen aus Praxissicht*). Erfahrungswissen ist ein wesentlicher Faktor, wenn es um das erfolgreiche Führen eines Unternehmens geht. Erfahrungswissen entsteht zum überwiegenden Teil aus den eigenen Lernerfahrungen (Vgl. Kap. 2.2. *Lernen*). Ebenfalls wichtig – sogar Voraussetzung für das Erlangen einer Führungsposition – ist explizites Fachwissen (Vgl. 3.3. *Der Königsweg zur Führungskraft*, 4.4.1.3. *Expertenwissen und Wissensträger aus Praxissicht*, 4.4.2. *Erwartungen an Wissensmanagement in der Führungskräftenachfolge*). Ein großes Problem stellt der Transfer (Vgl. Kap. 2.5. *Wissenstransfer und Wissensumwandlung*) des Erfahrungswissens dar. Den Führungskräften fehlt es in diesem Zusammenhang an Methoden und Instrumenten (Vgl. Kap. 2.8.1. *Instrumente und Methoden des Wissensmanagement).* Durch eine bevorzugte interne Nachfolgeregelung (Vgl. Kap. 2.6. *Wissensmanagement in der Führungskräftenachfolge*) „umgehen" die befragten Führungskräfte die Notwendigkeit des impliziten Wissenstransfers dadurch, dass sich die Stellenübernehmerinnen oder Stellenübernehmer bereits mehrere Jahre im Unternehmen befinden und sich durch Sozialisation, Kombination und Internalisierung (Vgl. Kap. 2.5.1. *Sozialisation: von implizit zu* implizit – 2.5.4. *Internalisierung: von explizit zu implizit*) Wissen aneignen. Wissensverlust (Vgl. Kap. 2.7. *Wissensverlust*) durch den Wechsel in der Führungsposition (Vgl. Abbildung 11) wird als positiv gesehen. Der vollzogene Prozess der Übergabe stellt einen Neubeginn dar, an dem junges Wissen entstehen kann. Bezogen auf die Instrumente des Wissensmanagements (Vgl. Kap. 2.8.1. *Instrumente und Methoden des Wissensmanagements*) lässt sich an dieser Stelle festhalten, dass diese im Rahmen der Führungskräftenachfolge keine Relevanz haben. Als wirksame Instrumente des Wissensmanagements werden in den Interviews technische Lösungen (Vgl. 4.4.1.6. *Instrumente des Wissensmanagement aus Praxissicht*) genannt.

F3: Welche Erfolgsfaktoren für Wissensmanagement in der Führungskräftenachfolge lassen sich identifizieren?

Im Verlaufe dieser Arbeit wurden Erfolgsfaktoren im Wissensmanagement in der Führungskräftenachfolge aus theoretischer Sicht, Expertensicht und Praxissicht identifiziert (Vgl. Kap. 2.8. *Erfolgsfaktoren des Wissensmanagement*, Kap. 3.8. *Erfolgsfaktoren aus Praxissicht*, Kap. 4.4.3. *Erfolgsfaktoren für Wissensmanagement in der Führungskräftenachfolge aus Praxissicht*). In allen drei Kapiteln ließen sich übereinstimmende Erfolgsfaktoren identifizieren (Vgl. Tabelle 14). Kommunikation ist die Basis für Wissensmanagement in der Führungskräftenachfolge. Vertrauen, Offenheit, Kreativität, Innovation und die Führungskraft als Vorbild im Wissensmanagement sind weitere Schlüsselfaktoren. Fehlertoleranz, die Entwicklung einer Wissenskultur durch Anreize und der Einbau des Themas Wissen in die Unternehmensstrategie können erfolgreiches Wissensmanagement ebenfalls begünstigen.

F4: Welche Misserfolgsfaktoren im Wissensmanagement in der Führungskräftenachfolge in Kärntner Regionalbanken gibt es?

Ausdrückliche Misserfolgsfaktoren im Wissensmanagement in der Führungskräftenachfolge ließen sich in den Interviews nicht identifizieren, weshalb in diesem Punkt nur auf den theoretischen Teil der Arbeit verwiesen werden kann (Vgl. Kap. 2.2.2. *Lernschwächen* und Tabelle 4). Die befragten Führungskräfte reflektierten jedoch ihren eigenen Prozess der Übernahme und werden Fehler, die im Rahmen ihres eigenen Übernahmeprozesses auftraten, im Rahmen ihrer Übergabe vermeiden. Fortbildungsverbot, fehlende fachliche Ausbildung, wenig oder gar keine innerbetriebliche Kommunikation und fehlende Konsequenz in der Umsetzung von Veränderungsmaßnahmen könnten aus diesem Grund als Misserfolgsfaktoren beschrieben werden.

F5: Welche Handlungsempfehlungen für erfolgreiches Wissensmanagement in der Führungskräftenachfolge können gegeben werden?

Als allgemeine Handlungsempfehlung lässt sich sagen, dass eine theoretische Annäherung aktiver Führungskräfte zum Thema Wissen und Wissensmanagement eine solide Basis für die Implementierung von Wissensmanagement in der Führungskräftenachfolge ist. (Vgl. 3.4. *Konzepte zum Wissensmanagement in der Führungskräftenachfolge aus Expertensicht*) Durch das koordinierte und begleitete Trainieren von Kompetenzen (Vgl. 2.1.5. *Kompetenz*) lässt sich die Fähigkeit zur Anwendung von Wissensmanagement aneignen. Durch die Kompetenzentwicklung der Übergeberinnen oder Übergeber ließe sich auch das genannte Hauptproblem – der Transfer von implizitem Erfahrungswissen – teilweise lösen. Als konkrete Handlungsempfehlung für erfolgreiches Wissensmanagement in der Führungskräftenachfolge lässt sich folgendes feststellen. Gelebtes Wissensmanagement lässt sich nicht verordnen. Sehr wohl wäre es jedoch möglich, das Thema Wissensmanagement in die Führungskräfteausbildung – wie etwa den Bankmanagerlehrgang – zu etablieren, da dies bis jetzt nicht der Fall ist (Vgl. Kap. 3.2. *Die Aus- und Weiterbildungsabteilung der RLB Kärnten*). Verpflichtende Wissensmanagement-Projekte im Hinblick auf den Führungswechsel können die zukünftigen Führungskräfte auf die Probleme des Wissensmanagements in diesem Prozess vorbereiten und in weiterer Folge in der praktischen Anwendung eine Wissens-Bringschuld der Übergeberin oder des Übergebers erzeugen.

Abschließend ist jedoch nochmals festzuhalten, dass es mit dieser qualitativen Forschungsmethode nicht möglich ist, generelle Handlungsempfehlungen auszusprechen. Die genannten Handlungsempfehlungen sollten deshalb als Anhaltspunkte und Ideenrahmen für eine quantitative Analyse des Forschungsthemas dienen.

4.6. Zusammenfassung

Wissensmanagement in der Führungskräftenachfolge hat im praktischen Kontext andere Ausprägungen als dies in der Literatur der Fall ist. Im Rahmen des empirischen Teiles dieser Arbeit wurden fünf Führungskräfte von Kärntner Raiffeisenbanken zum Thema des Wissensmanagements in der Führungskräftenachfolge interviewt. Bei den Interviewpartnern handelte es sich durchwegs um erfahrene Führungskräfte, die innerhalb der nächsten fünf bis zwölf Jahre aus ihren Positionen ausscheiden.

Die Auswertung der Interviews erfolgte mittels einer qualitativen Inhaltsanalyse, wodurch sich eine Kategorisierung der Antworten aus den Befragungen ergeben hat. Die wesentlichsten Erkenntnisse wurden paraphrasiert.

Wissensmanagement in der Führungskräftenachfolge hat eine sehr starke explizite Komponente. Der Fokus liegt auf Kombination und Internalisierung. Erfahrungswissen spielt eine wichtige Rolle und wird durch individuelles Lernen angeeignet. Auf den Transfer von Erfahrungswissen wird wenig Wert gelegt. Methoden der Externalisierung sind nicht bekannt. Die Erfolgsfaktoren für Wissensmanagement in der Führungskräftenachfolge sind, neben fundierter und abgeschlossener Fachausbildung, Kommunikation und Vertrauen.

5. Conclusio

Die Bankenlandschaft in Österreich war in den letzten Jahren von tiefgreifenden Veränderungen getroffen. Fusionen, Übernahmen und nicht zuletzt die Finanzkrise führten unweigerlich zu Wissensverlusten in den Unternehmen. Die zukünftige Entwicklung der Bankenlandschaft lässt sich aus heutiger Sicht daher nur erahnen. Durch die negative demographische Entwicklung, sinkende Zinsmargen und steigendem Kosten- und Einsparungsdruck werden es relativ kleine Regionalbanken mit teilweise sehr dichter Filialstruktur – wie es bei den Raiffeisenbanken der Fall ist – in Zukunft gegen national und international agierende Großbanken schwerer haben sich zu etablieren, als jemals zuvor. Der Stellenwert des Themas Wissen wird in Zukunft für Regionalbanken wohl nicht kleiner werden. Erfolgreiches Wissensmanagement kann der entscheidende Wettbewerbsvorteil sein, um langfristig und nachhaltig erfolgreich am Markt zu bestehen. Diese Erkenntnis um die Bedeutung der Ressource Wissen hat sich jedoch in den Köpfen der Verantwortlichen noch nicht vollständig manifestiert und der Weg zur lernenden Organisation ist noch weit.

Bei der Erstellung der Arbeit haben sich weitere interessante Forschungsgebiete zum Thema Wissensmanagement in der Führungskräftenachfolge aufgetan. Es wäre von Interesse, einen Blick über die regionalen und sogar nationalen Grenzen hinaus zu machen, um sich anzusehen, welchen Stellenwert das Thema Wissensmanagement in der Führungskräftenachfolge in Regionalbanken in anderen Ländern hat. In der vorliegenden Arbeit wurden Führungskräfte befragt, die bereits seit über 15 Jahren diese Funktionen ausüben. Im Rahmen einer ähnlich gelagerten Arbeit wäre es deshalb interessant, Erfahrungen von jungen Führungskräften zum Thema Wissensmanagement in der Führungskräftenachfolge zu sammeln und zu analysieren. Ebenfalls von Interesse wäre es, Quereinsteiger aus anderen Berufssparten zu Ihren Erfahrungen und zu den Ausformungen des Wissensmanagements in der Führungskräftenachfolge zu befragen. Auch der

Implementierung von Wissensmanagement in der Führungskräftenachfolge könnte ein Thema gewidmet werden. Für den Fall einer weiterführenden quantitativen Forschung, basierend auf der vorliegenden Arbeit, lassen sich folgende Arbeitshypothesen formulieren.

- Wissensmanagement in der Führungskräftenachfolge folgt keiner Systematik.

- Wissensmanagement in der Führungskräftenachfolge wird nicht als Teil eines systemischen Wissensmanagements gesehen.

- Große Regionalbanken, mit einer Bilanzsumme von über 100 Millionen Euro, können sich – bezogen auf Wissensmanagement – besser auf den Führungswechsel vorbereiten als kleine Regionalbanken.

- Wissensmanagement hat im Prozess der Führungskräftenachfolge in kleineren Regionalbanken einen geringeren Stellenwert, da die Einbindung der Führungskräfte in das operative Geschäft einen erheblichen Teil der Arbeitszeit ausfüllt.

- Regionalbanken in Kärnten bevorzugen eine interne Führungskräftenachfolge.

- Eine interne Führungskräftenachfolge hat den Vorteil, dass das nötige implizite Wissen bereits bei den Potentialen vorhanden ist und nicht externalisiert werden muss.

- Erfahrungswissen in der Führung kann nicht transferiert werden.

- Die Sicherung von Expertenwissen ist ineffizient.

- Die absolvierte fachliche Ausbildung ist die Schlüsselvoraussetzung für das Übernehmen einer Führungsposition in einer Regionalbank.

- Das Wissen der abgebenden Person in der Führungskräftenachfolge wird für die übernehmende Person nach vollendetem Nachfolgeprozess nicht mehr benötigt.

- Das Risiko des Wissensverlustes im Rahmen der Führungskräftenachfolge ist den Stellenübergeberinnen beziehungsweise Stellenübergebern nicht bewusst.

- Durch die steigende Wechselbereitschaft von Mitarbeitern wird es in Zukunft schwieriger, potentielle Nachwuchsführungskräfte zu erhalten, die sich das, für die Erfüllung von Führungsaufgaben nötige, Erfahrungswissen aneignen.

Wissensmanagement ist – selbst im Verhältnis zur allgemeinen Managementlehre – eine relativ junge Forschungsmaterie. Der Zugang zu dieser Wissenschaft ist – nach den empirischen Erlebnissen in den Interviews – für erfahrene Praktiker oft zu theoretisch, modern, oftmals sogar zu mythisch. Den Kritikern kann der Respekt genommen werden, sich mit dem Thema zu befassen.

Aristoteles schrieb in seiner Nikomachischen Ethik schon vor über 2000 Jahren unter anderem von den Tugenden. Beispielsweise sind dies nous – die Vernunft, sophia – die Weisheit oder phronesis – die praktische Klugheit, angemessen oder richtig handeln zu können. Es hat sich bei der Erstellung dieser Arbeit herausgestellt, dass es eben diese Tugenden sind, die eine gute Grundlage für Management und Wissensmanagement bieten.

„Die verstandesmäßige Tugend entsteht und wächst zum größeren Teil durch Belehrung; darum bedarf sie der Erfahrung und der Zeit. (...) Die Tugenden (..) erwerben wir, indem wir sie zuvor ausüben, wie diese auch für die sonstigen Fertigkeiten gilt. Denn was wir durch Lernen zu tun fähig werden sollen, das lernen wir eben, indem wir es tun: durch Bauen werden wir Baumeister und durch Kitharaspielen Kitharisten. Ebenso werden wir gerecht, indem wir gerecht handeln, besonnen durch besonnenes, tapfer durch tapferes Handeln. (...) Denn wenn sie gut bauen, werden sie gute Baumeister, wenn schlecht, dann schlechte. Wenn es sich nämlich nicht so verhielte, dann bedürfte man gar keiner Lehrer, sondern alle würden von Natur gut oder schlecht. (...) Es kommt also nicht wenig darauf an, ob man gleich von Jugend auf an dies oder jenes gewöhnt wird; es kommt viel darauf an, ja sogar alles."

Aristoteles (384 – 322 v. Chr.)[455]

---

[455] Aristoteles (2010), S. 131ff.

Literaturverzeichnis

Publikationen

Ackermann, B. (2009): *Mitarbeiter gehen? Wo bleibt ihr Wissen?* In: Wissensmanagement, Nr. 1, 2009, S. 44–45.

Albers, W. u. a. (Hrsg., 1978): *Handwörterbuch der Wirtschaftswissenschaft. Zugleich Neuauflage des Handwörterbuches der Sozialwissenschaften.* Stuttgart/New York: Gustav Fischer.

Allweyer, T. (2005): *Geschäftsprozessmanagement. Strategie, Entwurf, Implementierung. Controlling.* Bochum: W3l.

Angerer, S./Lehner, F. (2009): *Sind die Barriere- und Erfolgsfaktoren des Wissensmanagements voneinander abhängig? Überlegungen zu einer Dual-Faktoren-Theorie im Wissensmanagement.* Passau: Universität Passau.

Argyris, C./Schön, D. A. (2008): *Die Lernende Organisation. Grundlagen, Methode. Praxis.* 3. Auflage, Stuttgart: Schäffer-Poeschel Verlag.

Aristoteles (2010): *Die Nikomachische Ethik.* 8. Auflage, München: Deutscher Taschenbuch Verlag GmbH.

Atteslander, P. (2008): *Methoden der empirischen Sozialforschung.* 12. Auflage, Berlin: Erich Schmidt Verlag GmbH & Co.

Baecker, D. (1999): *Organisation als System.* Frankfurt am Main: Suhrkamp. In: Porschen, S. (2008):*Austausch impliziten Erfahrungswissens. Neue Perspektiven für das Wissensmanagement.* Wiesbaden: VS Verlag für Sozialwissenschaften. S 47–48.

Bortz, J./Döring, N. (2006): *Forschungsmethoden und Evaluation für Human- und Sozialwissenschaftler*. 4. Auflage, Heidelberg: Springer Medizin Verlag.

Büschgen, H. E./Börner, C. J. (2003): *Bankbetriebslehre*. 4. Auflage, Stuttgart: Lucius & Lucius Verlagsgesellschaft mbH.

Davenport, T. H./Prusak, L. (1999): *Wenn Ihr Unternehmen wüßte, was es alles weiß… . Das Praxishandbuch zum Wissensmanagement. Aus Informationen Gewinne machen. Verborgenes Potential entdecken. Von internationalen Organisationen lernen*. Landsberg/Lech: verlag moderne industrie.

della Schiava, M./Rees W. H. (1999): *Was Wissensmanagement bringt*. Wien/Hamburg: Signum-Verlag.

Diekmann, A. (2002): *Empirische Sozialforschung. Grundlagen, Methoden, Anwendungen*. 9. Auflage, Hamburg: Rowohlt Taschenbuch Verlag GmbH.

Doppler, K./Lauterburg, C. (2008): *Change Management. Den Unternehmenswandel gestalten*. 12. Auflage, Frankfurt/Main: Campus Verlag GmbH.

Drucker, P. F. (1993): *Die postkapitalistische Gesellschaft*. Düsseldorf/Wien u.a.: Econ Verlag.

Drucker, P.F. (2005): *Was ist Management? Das Beste aus 50 Jahren*. 4. Auflage, Berlin: Ullstein Buchverlage GmbH.

Duden (2002): *Duden. Das Bedeutungswörterbuch*. 3. Auflage, Mannheim u.a.: Dudenverlag.

Duden (2003): *Duden. Das große Fremdwörterbuch*. 3. Auflage, Mannheim u.a.: Dudenverlag.

Eco, U. (2004): *Die Grenzen der Interpretation*. 3. Auflage. München: Deutscher Taschenbuch Verlag GmbH & Co. KG.

Falk, S. (2007): *Personalentwicklung, Wissensmanagement und Lernende Organisation in der Praxis. Zusammenhänge - Synergien - Gestaltungsempfehlungen*. 2. Auflage, München/Mering: Rainer Hampp Verlag.

Faran, D. (2006): *Organizing the Toolbox – Typology and Alignment of KI Solutions*. In: Jetter, A. u.a. (Hrsg., 2006): *Knowledge Integration. The Practice of Knowledge Management in Small and Medium Enterprises*. Heidelberg/New York: Physika Verlag. S. 47–64.

Flick, U. (2009): *Qualitative Sozialforschung. Eine Einführung*. 2. Auflage. Reinbek bei Hamburg: Rowohlt-Taschenbuch-Verlag.

Fuhrmann, M. (Hrsg., 1986): *Platon. Apologie des Sokrates*. Stuttgart: Philipp Reclam jun. GmbH & Co. KG.

Gabler (1997): Gabler Wirtschaftslexikon. 14. Auflage, Wiesbaden: Betriebswirtschaftlicher Verlag Dr. Th. Gabler GmbH.

Gerhards, S./Trauner, B. (2010): *Wissensmanagement. 7 Bausteine für die Umsetzung in der Praxis*. 4. Auflage, München: Carl Hanser Verlag.

Gnahs, D. (2010): *Kompetenzen - Erwerb, Erfassung, Instrumente*. Bielefeld: W. Bertelsmann Verlag GmbH & Co. KG.

Gottschalk-Mazouz, N. (2007): *Was ist Wissen? Überlegungen zu einem Komplexbegriff an der Schnittstelle von Philosophie und Sozialwissenschaften*. In: Ammon, S. u.a. (Hrsg., 2007): *Wissen in Bewegung. Dominanz, Synergien und Empanizpation in den Praxen der ‚Wissensgesellschaft'*. Weilerswist: Velbrück. S. 21–40.

Gronau, N. (Hrsg., 2005): *Anwendungen und Systeme für das Wissensmanagement. Ein aktueller Überblick.* Berlin: GITO-Verlag.

Grün, O. (2011): *ERP-Software einführen – Wissensverluste vermeiden.* In: Wissensmanagement, Nr. 6., 2011, S. 38–39.

Hartmann, W. (2011): *Exklusives Wissenssharing – wenn Unternehmer vertrauliches Know-how teilen.* In: Wissensmanagement, Nr. 3, 2011, S.14-15.

Herbst, D. (2000): *Erfolgsfaktor Wissensmanagement.* Berlin: Cornelsen Verlag.

Hussy, W./Schreier, M./Echterhoff, G. (2010): *Forschungsmethoden in Psychologie und Sozialwissenschaften für Bachelor.* Berlin/Heidelber: Springer Verlag GmbH.

Kade, S. (2004): *Alternde Institutionen - Wissenstransfer im Generationenwechsel.* Bad Heilbrunn/Recklinghausen: Julius Klinkhardt.

Katenkamp, O. (2011): *Implizites Wissen in Organisationen. Konzepte, Methoden und Ansätze im Wissensmanagement.* Wiesbaden: VS Verlag für Sozialwissenschaften.

Kelle, U. (2008): *Die Integration qualitativer und quantitativer Methoden in der empirischen Sozialforschung. Theoretische Grundlagen und methodologische Konzepte.* 2. Auflage. Wiesbaden: VS Verlag für Sozialwissenschaften.

Keller, C./Kastrup C. (2009): *Wissensmanagement. Wissen organisieren – Wettbewerbsvorteile sichern.* Berlin: Cornelsen Verlag Scriptor GmbH & Co. KG.

König, E./Volmer, G. (2008): *Handbuch Systemische Organisationsberatung.* Weinheim/Basel: Beltz Verlag.

König, E./Volmer, G. (2009): *Handbuch Systemisches Coaching. Für Führungskräfte, Berater und Trainer*. Weinheim/Basel. Beltz Verlag.

Königswieser, R./Exner, A. (2006): *Systemische Intervention. Architekturen und Designs für Berater und Veränderungsmanager*. 9. Auflage, Stuttgart: Schäffer-Poeschel Verlag.

Kornmeier, M. (2009): *Wissenschaftlich schreiben leicht gemacht*. 2. Auflage, Bern u.a.: Haupt Verlag.

Kraker, W. (2012): *2012: Bildung ist ein Lebensprojekt und sichert Ihre Zukunft! 2011: Rückbetrachtung*. Unveröff. Bildungsstatistik der Kärntner Raiffeisenbanken, Raiffeisen Landesbank Kärnten.

Leibold, M. u.a. (2002): *Strategic Management in the Knowledge Economy*. Erlangen: Publicis, zit. nach: Willke, H. (2007): *Einführung in das systemische Wissensmanagement*. Heidelberg: Carl-Auer-Systeme Verlag und Verlagsbuchhandlung GmbH. S. 34.

Luhmann, N. (2002): Einführung in die Systemtheorie. Heidelberg: Carl-Auer-Systeme Verlag und Verlagsbuchhandlung.

Malik, F. (2006): *Führen Leisten Leben. Wirksames Management für eine neue Zeit*. Frankfurt/New York: Campus Verlag GmbH.

Mayring, P. (2002): *Einführung in die qualitative Sozialforschung*. 5. Auflage, Weinheim/Basel: Beltz Verlag.

Mertens, K/Finke, I. (2004): *Kommunikation impliziten Wissens*. In: Reinhardt, R./ Eppler, M. J. (Hrsg., 2004): *Wissenskommunikation in Organisationen. Methoden Instrumente Theorien*. Berlin/Heidelberg: Springer-Verlag. S. 32–49.

Meyer, J.-U. (2012): *Viele Vorschriften, wenig Kreativität: Deutsche Unternehmen sind oft innovationsfeindlich*. In: Wissensmanagement, Nr. 1, 2012, S. 14-15.

Nonaka, I./Takeuchi, H. (1997): *Die Organisation des Wissens. Wie japanische Unternehmen eine brachliegende Ressource nutzbar machen*. Frankfurt am Main/New York: Campus Verlag.

Nonaka, I. (2008): *The Knowledge Creating Company*. Boston: Harvard Business Press.

North, K. (1999): *Wissensorientierte Unternehmensführung. Wertschöpfung durch Wissen*. 2. Auflage, Wiesbaden: Gabler.

North, K./Reinhardt, K. (2005): *Kompetenzmanagement in der Praxis*. Wiesbaden: Gabler.

North, K. (2007): *Das Alter – Eine Frage der Definition*. In: Wissensmanagement, Nr. 1, 2007, S. 18–20.

North, K. (2011): *Wissensorientierte Unternehmensführung. Wertschöpfung durch Wissen*. 5. Auflage, Wiesbaden: Gabler.

Österreichisches Wörterbuch (2006): 40. Auflage, Wien: öbvhpt VerlagsgmbH & Co. KG.

Pawlowsky, P. (Hrsg., 1998): *Wissensmanagement. Erfahrungen und Perspektiven*. Wiesbaden: Gabler.

Peters, T. J./Waterman, R. H. (2006): *Auf der Suche nach Spitzenleistungen. Was man von den bestgeführten US-Unternehmen lernen kann*. Heidelberg: Redline Wirtschaft.

Pircher, R. (Hrsg., 2010): *Wissensmanagement Wissenstransfer Wissensnetzwerke. Konzepte Methoden Erfahrungen*. Erlangen: Publicis KommunikationsAgentur GmbH.

Polanyi, M. (1985): *Implizites Wissen*. Frankfurt am Main: Suhrkamp

Porschen, S. (2008): *Austausch impliziten Erfahrungswissens. Neue Perspektiven für das Wissensmanagement*. Wiesbaden: VS Verlag für Sozialwissenschaften.

Probst, G./Knaese, B. (1998): *Risikofaktor Wissen. Wie Banken sich vor Wissensverlusten schützen*. Wiesbaden: Betriebswirtschaftlicher Verlag Dr. Th. Gabler GmbH.

Probst, G./Raub, S./Romhardt K. (2003): *Wissen managen. Wie Unternehmen ihre wertvollste Ressource optimal nutzen*. 4. Auflage, Wiesbaden: Gabler.

Reineck U./Sambeth, U./Winklhofer, A. (2011): *Handbuch Führungskompetenzen trainieren*. 2. Auflage, Weinheim/Basel: Beltz Verlag.

Reinhardt, R./ Eppler, M. J. (Hrsg., 2004): *Wissenskommunikation in Organisationen. Methoden Instrumente Theorien*. Berlin/Heidelberg: Springer-Verlag.

Schein, E. H. (2010): *Prozessberatung für die Organisation der Zukunft*. 3. Auflage, Bergisch Gladbach: Verlag Andreas Kohlhage.

Schneider, U. (2001): *Die 7 Todsünden im Wissensmanagement*. Frankfurt am Main: Frankfurter Allgemeine Zeitung Verlagsbereich Buch.

Schulz, S. (2009): *Vom impliziten Wissen zum bewussten Erfahrungsschatz*. In: Wissensmanagement, Nr. 5, 2009, S. 16–17.

Schütt, P. (2000): *Die Macht der Geschichten*. In: Wissensmanagement, Nr. 5, 2000, S. 10–14.

Schütt, P. (2003): *Aus Erfahrung lernen*. In: Wissensmanagement, Nr. 4, 2003, S. 32.

Schütt, P. (2003a): *Geschichten als Maß und Motor der Unternehmenskultur*. In: Wissensmanagement, Nr. 1, 2003, S. 8–11.

Schütt, P. (2010): *100 Jahre Peter Drucker*. In: Wissensmanagement, Nr. 1, 2010, S. 10–14.

Seipel, C./Rieker, P. (2003): *Integrative Sozialforschung. Konzepte und Methoden der qualitativen und quantitativen empirischen Forschung*. Weinheim/München: Juventa Verlag.

Seebacher, U. G./Klaus, G. (Hrsg., 2004): *Handbuch Führungskräfte-Entwicklung. Theorie, Praxis und Fallstudien*. ohne Angabe: USP International Publishing.

Senge, P. M. u.a. (2008): *Das Fieldbook zur Fünften Disziplin*. Stuttgart: Schäffer-Poeschel Verlag.

Senge, P. M. (2011): *Die Fünfte Disziplin. Kunst und Praxis der lernenden Organisation*. 11. Auflage, Stuttgart: Schäffer-Poeschel Verlag.

Spinner, H. (Hrsg., 2002): *Wissensarten, Wissensordnungen, Wissensregime. Beiträge zum Karlsruher Ansatz der integrierten Wissensforschung*. Opladen: Leske + Budrich.

Sprenger, R. (2007): *Vertrauen führt. Worauf es im Unternehmen wirklich ankommt*. 3. Auflage, Frankfurt/New York: Campus Verlag.

Steinmann, H./Schreyögg, G. (2005): *Management. Grundlagen der Unternehemnsführung. Konzepte - Funktionen - Fallstudien.* 6. Auflage, Stuttgart: Gabler.

Stieler-Lorenz, B./Paarmann Y. (2004): *Wissenskommunikation und Lernen in Organisationen.* In: Reinhardt, R./ Eppler, M. J. (Hrsg., 2004): *Wissenskommunikation in Organisationen. Methoden Instrumente Theorien.* Berlin/Heidelberg: Springer-Verlag. S. 177–197.

Thom, N./Harasymowicz-Birnbach, J. (Hrsg., 2005): *Wissensmanagement im privaten und öffentlichen Sektor. Was können beide Sektoren voneinander lernen?* 2. Auflage, Zürich: vdf Hochschulverlag AG an der ETH Zürich.

Vollmar, G. (2008): *Nicht-Wissen macht frei!* In: Wissensmanagement, Nr 3, 2008, S. 57.

von der Oelsnitz, D./Hahmann, M. (2003): *Wissensmanagement. Strategie und Lernen in wissensbasierten Unternehmen.* Stuttgart: W. Kohlhammer GmbH.

Wiesenbauer, L. (2001): *Erfolgsfaktor Wissen. Das Know-how der Mitarbeiter wirksam nutzen.* Weinheim/Basel: Beltz Verlag.

Wijnhoven, F. (2006): *Knowledge Management: More than a Buzzword.* In: Jetter, A. (Hrsg., 2006): *Knowledge Integration. The Practice of Knowledge Management in Small and Medium Enterprises.* Heidelberg: Physica-Verlag. S. 1–15.

Willke, H. (2001): *Systemisches Wissensmanagement.* 2. Auflage, Stuttgart: Lucius & Lucius Verlagsgesellschaft mbH.

Willke, H. (2005): *Systemtheorie II: Interventionstheorie.* 4. Auflage, Stuttgart: Lucius & Lucius Verlagsgesellschaft mbH .

Willke, H. (2006): *Systemtheorie I: Grundlagen.* 7. Auflage, Stuttgart: Lucius & Lucius Verlagsgesellschaft mbH.

Willke, H. (2007): *Einführung in das systemische Wissensmanagement.* 2. Auflage, Heidelberg: Carl-Auer-Systeme Verlag und Verlagsbuchhandlung GmbH.

Zink, K. J. u.a. (Hrsg., 2009*): Veränderungsprozesse erfolgreich gestalten.* Berlin/Heidelberg: Springer.

Internetquellen

BGBl 107/2010 (2010): Bundesgesetz über das Bankwesen. URL: https://www.ris.bka.gv.at/GeltendeFassung.wxe?Abfrage=Bundesnormen&Gesetzesnummer=10004827 [Stand: 22. Februar 2012]

Firmenbuch (2012a): Firmenbuch-Compass. URL: https://daten.compass.at/FirmenCompass/?p=berieb&fb=116173v&onr=147888&PageID=FG6Z44 [Stand: 21. Februar 2012]

Firmenbuch (2012b): Firmenbuch-Compass: URL: https://daten.compass.at/FirmenCompass/?p=berieb&fb=118747d&onr=147636&PageID=FG6Z44 [Stand: 21. Februar 2012]

Firmenbuch (2012c): Firmenbuch-Compass: URL: https://daten.compass.at/FirmenCompass/?p=berieb&fb=113153b&onr=1121733&PageID=FG6Z44 [Stand: 21. Februar 2012]

Firmenbuch (2012d): Firmenbuch-Compass: URL: https://daten.compass.at/FirmenCompass/?p=berieb&fb=114660v&onr=1136064&PageID=FG6Z44 [Stand: 21. Februar 2012]

Firmenbuch (2012e): Firmenbuch-Compass: URL: https://daten.compass.at/FirmenCompass/?p=berieb&fb=116028f&onr=147882& PageID=FG6Z44 [Stand: 21. Februar 2012]

Frai, P./Thiehoff, R. (2011): *Wenn das Wissen in Rente geht.* In: Wissensmanagement, Nr. 3, 2011, o.S. URL: http://www.wissensmanagement.net/online/online_artikel_archiv/archiv/heft/3/2011/artikel/wenn_das_wissen_in_rente_geht.html [Stand: 11. Jänner 2012]

Haarmann, A.-R. (2004): *Die Wissensstafette bei Volkswagen – Transfer von Erfahrungswissen bei Fach- und Führungswechseln.* Volkswagen Coaching GmbH. URL: http://intranet.iwi.unisg.ch/org/iwi/iwi3/Learningcenter/kwp.nsf/bff96bd7cea54c88c1256dda0037ecfe/$FILE/3_Haarmann_Vortrag.pdf [Stand: 19. Jänner 2012]

Kaiser, A. (2007): *Erfolgreich Übergänge gestalten. Die Wissensstafette bei Volkswagen.* Wissensmanagement Stammtisch von 16. Mai 2007 in Bielefeld. URL: http://www.gfwm.de/files/Wissensstafette%20von%20Volkswagen.pdf [Stand: 19. Jänner 2012]

Kirsch, I. (2005): *Wie Wissensmanagement das Unternehmen absichern kann.* In: Handelsblatt Journal Mittelstand, 4. Juli 2005, o. S. URL: http://www.north-online.de/publikationen/artikel [Stand: 11. Jänner 2012]

Österreichischer Raiffeisenverband, Raiffeisenakademie (Hrsg., 2012): *Lernen. Entwickeln. Zukunft gestalten. Rak-Bildungsprogramm 2012.* Wien: Druckerei Placek Ges.m.b.H. URL: http://www.rak.at [Stand: 2. Februar 2012]

Raiffeisen (2012a): *Die Raiffeisen Bankengruppe.* URL: http://www.raiffeisen.at/eBusiness/rai_template1/1006637000974-1006622610903-1006622610903-NA-1-NA.html [Stand: 26. Februar 2012]

Raiffeisen (2012b): *Der Aufbau der Raiffeisen Bankengruppe.* URL: http://www.raiffeisen.at/eBusiness/rai_template1/1006637000974-1006622610903-1007249977053-NA-1-NA.html [Stand: 26. Februar 2012]

Raiffeisen (2012c): Der wichtigste finanzielle Nahversorger. URL: http://www.raiffeisen.at/eBusiness/rai_template1/1006637000974-1006622610903_738231622079291759-738231622079291759-NA-1-NA.html [Stand: 26. Februar 2012]

Volkswagen AG (2009): Informationen zur Wissensstafette. Volkswagen Organisationsentwicklung. URL: http://www.volkswagen-karriere.de/content/medialib/vwd4/de_vw_karriere/pdf/informationen_zurwissensstafette/_jcr_content/renditions/rendition.file/informationen_zur_wissensstafette.pdf [Stand: 14.Jänner 2012]

Volkswagen AG (2010): Geschäftsbericht 2010. URL: http://www.volkswagenag.com/content/vwcorp/content/de/investor-relations.html [Stand: 14. Jänner 2012]

Wirtschaftskammer Österreich (2011): *Beschäftigte nach Wirtschaftssektoren.* URL: http://wko.at/statistik/Extranet/Langzeit/Lang-Beschaeftigtenstruktur.pdf [Stand: 15. Jänner 2012]

Anhang

Interviewleitfaden Experteninterview

Einleitung

Vorstellung des Themas der Studie und des Forschungszieles.

Fragen zur Person und zu den Aufgaben

Hilfsfragen zur Orientierung:
- Welche Ausbildung haben Sie gemacht?
- Seit wann bekleiden Sie diese Funktion?
- Welche Aufgabe hat die AuW?
- Was ist Ihre Aufgabe in der AuW?
- Welche Aufgabe übernimmt Ihre Abteilung speziell im Rahmen der Führungskräftenachfolge?

Fragen zur Führungskräftenachfolge

Hilfsfragen zur Orientierung:
- Welche Möglichkeiten der Führungskräftenachfolge gibt es für die Raiffeisenbanken? (interne-externe Nachfolge)
- Wie läuft der Prozess der Führungskräftenachfolge (idealtypisch) ab?
- Wie werden (potentielle) Nachwuchsführungskräfte auf ihre zukünftige Rolle vorbereitet?
- Mit welchen Maßnahmen können Sie die Führungskräftenachfolge unterstützen?
- Welche Maßnahmen sind erfolgreich – welche weniger?

Fragen zum Wissensmanagement in der Führungskräftenachfolge

Hilfsfragen zur Orientierung:
- Wie funktioniert Wissenstransfer zwischen Übergeber und Übernehmer? (Stärken/Schwächen)
- Wie geben Führungskräfte Erfahrungswissen weiter?

- Welches Feedback erhalten Sie in Bezug auf Wissensmanagement von Übernehmern von Führungsrollen?
- Gibt es Empfehlungen in Bezug auf Wissensmanagement in der Führungskräftenachfolge?
- Gibt es Good-Pracitse Beispiele oder Pilotprojekte?
- Welche Tools werden eingesetzt, um Wissenstransfer zu begünstigen?

Fragen zu persönlichen Erfahrungen mit Wissensmanagement

Hilfsfragen zur Orientierung:

- Welchen Stellenwert hat Wissensmanagement Ihrer Meinung nach in den Banken?
- Welche Probleme bezüglich des Wissensmanagements lassen sich Ihrer Meinung nach erfahrungsgemäß erkennen? Was sind typische Fehler?
- Was sind Erfolgsfaktoren für gutes Wissensmanagement in der Führungskräftenachfolge?
- Welche Vorteile sehen Sie für Führungskräfte und deren Unternehmen, wenn diese Wissensmanagement betreiben?

Transkription Experteninterview
(Interview 0)

Gesprächspartner:	Mag. Wernher Kraker
Position:	Leiter der Aus- und Weiterbildungsabteilung
Arbeitgeber:	Raiffeisen Landesbank Kärnten
Ort:	Büro Mag. Kraker, Raiffeisenplatz 1, 9020 Klagenfurt
Datum:	2. Februar 2012
Uhrzeit:	11:02 – 11:43 Uhr

Interviewer:
Zuerst bedanke ich mich dafür, dass Sie sich bereit erklärt haben für das Interview zu Verfügung zu stehen! Vorab darf ich Ihnen einen kurzen Überblick über das Thema meiner Studie geben. Bei meiner Studie geht es um das Thema Wissensmanagement (WM) in der Führungskräftenachfolge. Ich möchte mir Ausformungen, also wie läuft WM, Erfahrungen und Erfolgsfaktoren in einigen – ausgewählten – Kärntner Regionalbanken ansehen. Das Ziel der Studie ist eine explorative Untersuchung, also, einen Experten zu dem Thema zu befragen, und dann auch mir die Sicht von Führungskräften anzusehen. Wie funktioniert WM, funktioniert es überhaupt, gibt es WM überhaupt, welche Erfahrungen werden gemacht, welche positiven, welche negativen, und vielleicht daraus ableiten zu können, gibt es Erfolgsfaktoren, die sich als solche benennen lassen. Das ist der Hauptteil der Studie.

Experte:
Und Sie konzentrieren sich hauptsächlich auf die Führungskräfte?

Ich habe das Thema eingrenzen müssen und habe mir gesagt, dass ich das Thema darauf eingrenze. Das Thema WM ist natürlich anwendbar auf Führungskräfte, wie auch Middle-Management oder auch die Basis. Meine Studie befasst sich ausschließlich mit Führungskräften, wie auch immer diese...

Ich habe mir das wohl angestrichen (Anm.: Der Interviewpartner deutet auf den Leitfaden, den er eine Woche zuvor übermittelt bekommen hat) Ich habe nur auch ein paar Aussagen, die auch auf junge Mitarbeiter, wie unsere Transferaufgaben in der Grundausbildung. Das machen die Führungskräfte nicht. Bei der Grundausbildung wird das gemacht und dazu hätte ich mehr Zugang als bei den Führungskräften. Aber es wird sich sicher alles beantworten lassen.

Darf ich zu Beginn auf Ihre Person eingehen. Mich interessiert wie Sie in die Position gekommen sind, welche Ausbildung Sie gemacht haben?

Keine spezielle für diese Postion. HAK – in Klagenfurt. Danach in Graz Bank-BWL studiert. Mit Psychologie und Pädagogik habe ich nichts zu tun gehabt. Das hat sich dann im Laufe der Zeit durch Seminare und viel praktische Tätigkeit ergeben. Machen tue ich das Ganze.... Hier in der Bildung bin ich seit 1985 und seit dem Jahr 2000 bin ich für die Bildung verantwortlich. Davor mein Vorgänger Kaltenhofer Gerhard.

Jetzt würde ich gerne generell wissen welche Aufgabe habe denn im Raiffeisensektor in Kärnten die Bildung – also die Aus- und Weiterbildungsabteilung der RLB. Was macht die Abteilung? Was ist Ihre Aufgabe?

Wir schauen, dass wir ein Bildungsangebot erstellen für alle Mitarbeiter. Von jungen, die neu in der Bank sind, bis zu erfahrenen. Zum Teil auch für Führungskräfte. Zum Teil deshalb, weil der Schwerpunkt der Führungskräfteausbildung ist an der RAK (Anm.: Raiffeisenakademie in Wien). Da haben wir eine ziemlich exakte Arbeitsteilung. Es gibt Ausnahmen. So wie zum Beispiel den Lehrgang für die Geschäftsleiter (GL) mit der Universität Klagenfurt zusammen. Das deshalb, weil das für mich eine Lücke war, beziehungsweise GL, die die letzten paar Jahre die Führungskräfteausbildung machen – den Bankmanager-Lehrgang – haben die Themen von dem Lehrgang schon in der Ausbildung drinnen. Aber es gibt sehr viele GL, die noch die alte Ausbildung gemacht haben. Damals ist es nur um Hardfacts gegangen, und es Softfacts gefehlt. Das Thema Führen, aber auch das Thema Visionen, Strategieentwicklung, das Thema Veränderung, oder das Thema Kommunikation als Führungskraft. Was wir noch haben ist das Angebot für Funktionäre. Für die Mitarbeiter ist das Angebot vom Fachlichen bis zum Verkäuferischen, bis zur EDV Ausbildung, bis dann auch – für mich vor allem – Persönlichkeitsausbildung. Das ist für mich ein Anliegen, dass dies mehr forciert wird.

Das heißt, dass da eine strikte Teilung zwischen RAK und AuW vorhanden ist. Wie funktioniert die Kooperation mit der RAK?

Das Angebot der RAK ist sehr stark auf das Thema Führen ausgerichtet. Die Kooperation mit der RAK läuft gut. Ich bin natürlich bei bestimmten Themen dabei. Bin auch bis vor zwei Jahren Vortragender bei der Führungskräfteausbildung in Wien gewesen. Ich habe da von der Ausbildung sehr viel mitbekommen. Dann, beim Assessment Center (AC) – ein ganz interessantes Instrument, das zu Nachwuchsführungskräfteausbildung dient – zur Potentialerhebung, bin ich dabei. Da habe ich sehr viel gelernt, so wie jeder Beobachter, auch gestandenen GL. Dann sehr viel persönliche, vertrauliche Gespräche mit den GL. Das ist auch mein Zugang. Deshalb „maße" ich mir an, hier zu Ihrem Thema „mitreden" zu können.

Was mich interessieren würde – speziell zur Führungskräftenachfolge. Welche Möglichkeiten gibt es denn für Banken Nachwuchsführungskräfte einzusetzen? Welche internen und externen Möglichkeiten gibt es da?

Erstens muss man unterscheiden zwischen einer großen und einer kleinen Raiffeisenbank. In einer größeren sind die Möglichkeiten vielfältiger – da lässt es sich gut trainieren. Trainieren insofern, du kommst nicht vom Kundenberater gleich in die GL Position, sondern du bist im Regelfall noch irgendwo dazwischen. Abteilungsleiter, Leiter Servicebank, Leiter Privatbank.

Wo lässt sich die Grenze zwischen großer und kleiner Bank ziehen? Bei 100 Millionen Euro Bilanzsumme?

Ja, 100 Millionen ist genau die Mitte. Das ist die durchschnittliche Bilanzsumme. Oder 22 Mitarbeiter. Für mich fängt eine Bank an…, oder, wo ein GL sich schwerpunktmäßig um Mitarbeiterführung und repräsentieren nach Außen beschäftigt, bei gut 30 Mitarbeitern an. Da kann er die Aufgaben schon so verteilen, dass er nicht unbedingt im Tagesgeschäft drin sein muss. Aber da sind in etwa 30 bis 35 Mitarbeiter die Größenordnung…

Wenn ich Sie kurz unterbrechen darf. Welche Gründe gibt es denn dafür, dass es in kleineren Banken anders ist, als in großen?

Weil die GL da irrsinnig stark im Tagesgeschäft drin sind. Ja, und die haben nicht die Möglichkeit – in einer 10 Personen Bank zum Beispiel – da großartig das Thema Führen zu lernen. Wenn wer aus dem Rechnungswesen kommt, oder aus der Marktfolge – die sind dort vielleicht zu zweit – da hat er vielleicht einen Mitarbeiter geführt, und dann muss er 10 führen.

Lässt es sich sagen, dass es in großem Banken deshalb schlechter oder besser läuft?

Nein. Nur die Herangehensweise ist anders. Für mich ist es wichtig, dass man das Thema früh genug angeht. Da haben wir mit Kollegen aus anderen Bundesländern geredet. Wenn es darum geht, dass jemand GL werden soll, dann braucht man dafür 3 – 5 Jahre.

Vorlaufzeit? Wo man vom Fachwissen angefangen…

Ja, alles. Wobei das Fachliche. Da kann man sagen, dass setzen wir ohnehin voraus. Aber da sind andere Themen, wie Visionen, Strategien, Führung – das Allerwichtigste, repräsentieren nach Außen, Umgang mit Gremien, mit Funkionären, mit der Öffentlichkeit, Spitzenvertretern aus Politik Wirtschaft, und und…, bis dann zu den Kontakten zur Landesbank, Revision.

Verstehe. Gibt es einen idealtypischen Prozess der Führungskräftenachfolge? Sie sagten 3 – 5 Jahre. Gibt es in diesem Zeitraum so etwas wie einen idealtypischen Prozess – einen Empfehlungsrahmen?

Idealtypisch für mich wäre die fachliche Karriere. Die sollte abgeschlossen und gefestigt sein. Und dann Richtung Führungskarriere. Das heißt für mich als erstes Inputs in Form von Seminaren. Vielleicht auch da schon Gespräche mit der bisherigen Führung – um alles aufzubauen. Dann Seminare, dann in Kleingruppen erstmals das Thema Führen versuchen. Dann folgt die GL-Ausbildung bis hin zur Bankmanagerausbildung einschließlich AC.

Das wäre dann der interne Weg. Gibt es den externen Weg auch?

Eher selten. Für mich ist es auch sinnvoller, jemanden intern zu nehmen, sofern jemand vorhanden ist. Für mich sind, in vielleicht 5 – 10 % der Banken Schwierigkeiten zu erkennen. Aber in gut 90 % aller 47 Raiffeisenbanken ist sicherlich das Potential da. Mann muss jedoch früh genug darauf schauen und die Leute aufbauen.

Machen Banken diese Potentialsuche, diese Potentialanalyse? Wann machen sie sie?

Für mich leider zu wenig. Das hat schon angezogen, weil es ein verpflichtender Baustein ist. Wenn jemand den Bankmanagerlehrgang machen will, muss er zuerst das AC machen. Ansonsten war es in Kärnten…, hat es ein ziemliches Schattendasein geführt.

Das AC ist also ein Instrument, mit dem die Führungskräftenachfolge unterstützt wird?

Das ist eine Potentialerhebung, wo jeder seine Stärken sieht, aber auch seine Potentiale erkennen kann.

Gibt es andere Supportingprozesse, Unterstützungsprozesse, die Sie den Banken anbieten?

Ja, es besteht die Möglichkeit das Personal-Risiko-Rating zu machen. Das wäre eine Veranstaltung wo RAK Experten in die Bank kommen und mit den GL über die Mitarbeiter sehr offen reden.

Wird das angenommen?

Nein. (lacht) Ein sehr starkes Minderheitenprogramm.

Das heißt, das AC ist dann doch der übliche Weg?

Das AC, beziehungsweise gibt es da noch etwas. Das Audit. Das ist quasi der Auswahlprozess. Wenn ich mehrere Kandidaten für die Position des GL habe.

Also ein Vorauswahlverfahren?

Ja, wobei, da ist die Bank vertreten mit beiden GL, Funktionären, und, hier können sich sowohl interne, als auch externe Kandidaten bewerben und in einem Prozess sozusagen gegeneinander antreten. Das sind die drei Instrumente, die den RB angeboten werden.

Wie werden in Summe die drei Instrumente angenommen?

Das AC immer mehr, weil es die Mitarbeiter auch absolvieren müssen. Und das Audit ist jetzt nicht so der Standardfall. Ich gehe davon aus, dass die potentiellen Führungskräfte schon lange in der Bank sind, dass sie schon über Jahre und Jahrzehnte den Führungskräften bekannt sind und dass diejenigen schon ganz gut wissen, wer geeignet ist, und wer nicht.

Wann, in welcher Stufe des Ausbildungsprozesses muss das AC gemacht werden?

Verpflichtend ist es, wenn man den Bankmanagerlehrgang machen will. Dieser besteht aus vier Modulen. Bevor man das vierte Modul macht, muss man das AC machen.

Zum AC würde ich noch gerne fragen. Gibt es Feedback von den Teilnehmern? Was sagen die?

Dass es irrsinnig anspruchsvoll ist. Es kommt sehr viel von dem raus, wer ich bin. Wo meine Stärken, wo meine Schwächen liegen. Man muss auch sagen, je besser die Teilnehmer beim AC abschneiden, umso eher sagen sie, die Ergebnisse des AC haben Gültigkeit. Je schlechter sie abschneiden, umso eher bezweifeln sie das AC – sie sind in Wirklichkeit gar nicht so. Das sind gestellte Situationen, und so weiter.

Es ist ein gutes Instrument. Mehrtägig. 4 Tage insgesamt. Es soll halt bewirken, dass, wenn man irgendwo einmal „einbricht", dass man das wieder aufholen kann. Umgekehrt auch, wenn du einmal „glänzt" und dann „einbrichst", wird das auch wieder relativiert.

Gibt es Feedback von den aktuellen GL, die Ihre Potentiale geschickt haben?

Ja. Meistens so, dass ohnehin die Leistung bestätigt wurde, wie sie die Potentiale selbst eingeschätzt hätten. Deshalb, weil ich denke, dass die meisten Führungskräfte ein gutes Gespür dafür haben, wie die Mitarbeiter ticken.

Das Gespür, ist das so etwas wie das Erfahrungswissen?

Das ist absolut so.

Ich möchte zum Thema Wissensmanagement in der Führungskräftenachfolge kommen. In der Literatur gibt es sehr wenig dazu. Wie funktioniert denn der Wissenstransfer zwischen demjenigen, der die Stelle übergibt, und demjenigen, der sie übernimmt?

Also da kann ich von den jungen Mitarbeitern sprechen. Da gibt es Transferaufgaben. Bei den Älteren, den Führungskräften, kenne ich keine Systematik. Ich weiß schon, dass es Gespräche immer wieder gibt, dass der Nachwuchs immer wieder eingebaut wird in Gespräche, dass vielleicht einige einzelne Aufgaben übernommen werden müssen. Eine richtige Systematik ist mir nicht bekannt.

Lässt sich sagen, welche Stärken und Schwächen gibt es im Wissenstransfer?

Nein, da müsste man mit den Betroffenen reden. Soweit ich weiß, gibt es punktuelle Sachen. Es gibt Gespräche. Beispielsweise geht man gemeinsam zum Grundbuch – wenn es ums Fachliche geht. Oder es gibt halt so Gespräche – was hätte man besser machen können, was war gut.

Das heißt, es werden Prozesse in Frage gestellt?

Ja, wenn jemand zum Beispiel jemand Schalterleiter ist und einige Leute unter sich hat, dann wird dieser durch die GL schon beobachtet und erhält so auch schon Feedback.

Wie geben denn Führungskräfte ihr Erfahrungswissen weiter? Geben sie es überhaupt weiter? Was sagen Führungskräfte?

Ich glaube – unabhängig ob das eine Führungskraft ist, oder ein langjähriger Mitarbeiter der ausscheidet – je näher es Richtung Ausscheiden geht, umso offener, ehrlicher, umfassender wird die Information.

Auf welchen Zeitraum lässt sich das eingrenzen? Gibt es da Unterschiede zwischen großen und kleinen?

Vielleicht sind in kleinen Banken die Kontakte noch intensiver. Wenn man nur 10 Mitarbeiter habe, ist das anders wie wenn ich 50 habe. Da kann ich mir vorstellen, dass es in kleineren laufender passiert, als in größeren Banken. Das ist vielleicht nicht so systematisch. Das ist aber Wissenstransfer – was man halt so unter vier Augen redet.

Ist es Wissenstransfer, der eher explizites Wissen betrifft. Also, wo dokumentierte Abläufe oder Handbücher durchbesprochen werden. Spielt das implizite Wissen auch eine Rolle?

Da tue ich mir schwer. Das kann ich nicht sagen.

Gibt es von jungen Führungskräften, die die Position übernommen haben, ein Feedback zu dem Prozess der Nachfolge? Gibt es Feeback, was gut und was schlecht lief?

Generell merken die neuen Führungskräfte erst wenn sie in die Position kommen, dass Führen wirklich eine Aufgabe ist. Und vielfach leider unterbelichtet ist. Deshalb, weil viele einfach im operativen Geschäft drin sind. Das Thema Führen soll mindestens die Hälfte der Arbeit ausmachen. Für junge, neue Führungskräfte wird es sich wohl auf ein Zehntel beschränken.

Wird zu viel verlangt in Richtung strategisches Denken, oder ist die Konzentration auf das operative Geschäft zu groß?

Sie sind zu viel im Tagesgeschäft. In jeder Bank hat jeder Ziele, die zu erreichen sind. Und sich mit jemandem zu beschäftigen, kostet natürlich viel Zeit. Das Thema Führen kostet enorm viel Zeit. Von der Beobachtung angefangen, mit den potentiellen Nachfolgern reden, die Entwicklung besprechen, wie könnten wir uns verbessern, diese bei der Entwicklung begleiten. Das kostet einfach so viel Zeit. Die Zeit hat man meistens nicht.

Können Sie – wenn Sie mit Banken reden – Empfehlungen zum Thema Wissensmanagement in der Führungskräftenachfolge geben?

Ja, auf jeden Fall was das Fachliche betrifft. Das ist die formelle Voraussetzung. Es kann niemand GL werden, wenn er den Bankmanagerlehrgang nicht gemacht hat. Sonst sind das eher vertrauliche Gespräche unter vier Augen. Erfahrungen, die ich mit anderen Banken und deren Führungskräften gemacht habe. Was denen gut gelungen ist, oder wo diese Probleme hatten

Die Gespräche finden zwischen Ihnen und dem aktuellen GL statt. Oder auch mit dem Nachfolger?

Meistens unter vier Augen. Ich rede schon mit dem Jungen und mit dem GL. Mit beiden zusammen eher selten.

Gibt es ein Good-Practise in Kärnten?

Das Thema ist ziemlich individuell. Ein paar lassen sich identifizieren aus den Projektarbeiten. Wenn jemand den Bankmanager macht, muss derjenige ein Projekt machen zum Thema Personal. Best Pracitse? Ich empfehle GL, die als Ansprechpersonen dann für jüngere GL dienen können.

Also bankübergreifend?

Bankübergreifend.

Gibt es Pilotprojekte ?

Zum Wissensmanagement – nein. Wir haben diesen Lehrgang für Führungskräfte zweimal gemacht – mit der Universität Klagenfurt. Wir bieten ein Seminar an, dass auf Wunsch der Teilnehmer immer im Ausland stattfindet. Das dauert zweieinhalb Tage. Wo die Teilnehmer in absolut vertrauensvoller Atmosphäre sind. Das sind alles Teilnehmer, die sich schon jahrelang kennen. Da werden dann wirklich persönliche Führungsthemen angegangen und dann in kollegialer Form unter professioneller Hilfe behandelt werden. Das sind aber nicht systematische Themen, sondern da profitieren die Teilnehmer oft davon, dass ein konkreter Fall behandelt wird.

Ich würde gerne abschließend noch einige persönliche Erfahrungen zum Thema WM von Ihnen festhalten. Was denken Sie, welchen Stellenwert hat WM in den Banken? Ich meine, wissen die GL, was WM überhaupt ist?

Für mich ist das systematische auf jeden Fall ausbaufähig. Ich habe schon zweimal versucht, ein Seminar zu platzieren, wo es um das Thema Erfahrung, Erfahrungswissen, Wissensweitergabe, aber dann auch Umgang mit jüngeren Mitarbeitern gehen sollte. Die Resonanz war praktisch null.

Das heißt, so Sachen wie die Wissensspirale von Nonaka/Takeuchi, Themen wie Sozialisation, Externalisierung, Transfermethoden, Wissensbausteine – sind diese Themen den GL bewusst?

Nein, nein. Glaube ich nicht. Es wird sicher einzelne geben, die das auf Privatinitiative hin machen, die versuchen, einzelne Bausteine herauszuholen – wie etwa das Thema mit dem Gang zum Grundbuch, oder zu einer Gerichtsverhandlung – aber systematisch ist es auf jeden Fall stark unterentwickelt und ausbaufähig.

Welche Probleme lassen sich daraus ableiten, mit denen die Banken konfrontiert werden? Gibt es typische Fehler, die Banken machen – bezogen auf das WM in der Führungskräftenachfolge?

Ja, es wird akut, wenn wirklich wer ausscheidet. Aber, dass sich wirklich jemand damit beschäftigt,…

Also die bewusste, oder unbewusste Erkenntnis, dass WM notwendig ist, kommt erst zum Zeitpunkt, wenn es wirklich gebraucht wird?

Ja absolut. Das ist für mich auf jeden Fall eines der vordringlichsten Zukunftsthemen. Allein wenn man sich die Alterspyramide ansieht. Ich bin schon dahinter, aber mit wenig Erfolg. Das Thema muss viel stärker verankert werden. Wissensmanagement in den Banken.

Wie sieht es neben dem individuellen mit dem organisatorischen Wissen aus?

Ansätze gibt es in Banken, dass innerhalb von Abteilungen eine Rotation drin hat. Das jeder bei seinem Geschäft ist. Es gibt aber viele Spezialisten von denen man lernen kann. Absolut unbeliebt ist die Xte Datenbank, in die man alles reinschreibt. Deshalb, wenn man das so machen kann, wäre das ein guter Ansatz. Genauso wie das Thema Transferaufgaben, dass Aufgaben in Vieraugengesprächen übergeben werden. Locker, und bewusster Wissenstransfer zwischen Jung und Alt.

Lassen sich für Sie Erfolgsfaktoren identifizieren, herausfiltern? Durch was kann Wissensmanagement in der Führungskräftenachfolge begünstigt werden?

Das wichtigste ist Vertrauen zwischen den Leuten, damit ich das aktiv betreiben kann. Für mich gibt es zahlreiche Vorteile, wenn das gemacht wird. Das Risiko wird minimiert, wenn jemand zum Beispiel aus irgendeinem Grund ausfällt. Das Wissen bleibt in der Bank. Ich habe einen besseren Gesamtüberblick über Kunden, Markt, über die interne Organisation, über die Gremien, Abläufe. Ich habe mehr Wissen über die Produkte, es gibt Erfahrungsaustausch. Das trägt zur Zusammengehörigkeit bei. Zum gegenseitigen Verständnis, weil oft ist man nur auf seinen Arbeitsplatz konzentriert.

So etwas wie ein „Spirit" – ein Unternehmensgeist?

Ja absolut. Dann verstehe ich meinen Kollegen besser. Ich verstehe die Zusammenhänge besser, die Abläufe, die Stimmung steigt, und das Vertrauen steigt.

Welche Vorteile sehen Sie denn für Führungskräfte, die ihr Wissen weitergeben?

Verteilung der Last, Verteilung der Kompetenzen. Ich kann anderen etwas zutrauen, mich auf sie verlassen. Ich muss nicht alles selbst machen. Ich kann den operationellen Risikofaktor in der Bank reduzieren. Dadurch ist besseres Arbeiten möglich.

Danke für das Interview!

Interviewleitfaden Führungskräfteinterview

Thema der Studie: Wissensmanagement in der Führungskräftenachfolge. Ausformungen, Erfahrungen und Erfolgsfaktoren in Kärntner Regionalbanken

Forschungsziel: Eine explorative Untersuchung zum Thema Wissensmanagement in der Führungskräftenachfolge in Kärntner RB. Welche Erfahrungen gibt es? Welche Erfolgsfaktoren gibt es?

Bitte betrachten Sie die Fragen nur als einen groben Leitfaden.

Fragen zur Person und dem Unternehmen
(diese Fragen und Antworten werden nicht anonymisiert. Dieser Teil des Interviews wird aber nicht in die Transkription übernommen.)

- Überblick über das Unternehmen (Größe, Aufbau, Mitarbeiter, Strategie, Vision,...)
- Persönliches (Ausbildung, seit wann in der Funktion, wie in die Position gekommen)

Fragen zum Führungswechsel
(diese Fragen und Antworten werden anonymisiert – Rückschlüsse auf den Interviewpartner sind nicht mehr möglich)

- Über welchen Zeitraum lief der Führungswechsel ab?
- Wurde eine externe Beratung in Anspruch genommen? Wäre es wünschenswert?
- Gab es eine gemeinsame Einarbeitungsphase? Wie war diese?

Fragen zur Wissensweitergabe in der Führungskräftenachfolge
(diese Fragen und Antworten werden anonymisiert – Rückschlüsse auf den Interviewpartner sind nicht mehr möglich)

- Haben Sie alles nötige Wissen erhalten, das Sie für Ihre Position benötigen?
- Was zeichnet erfolgreiche Wissensweitergabe aus?
- Welche Informationen haben Sie von Ihrem Vorgänger erhalten?
- Wie war der Zugang zum Wissen des Vorgängers?

Fragen zu Erfahrungen/Erwartungen in der Wissensweitergabe?
(diese Fragen und Antworten werden anonymisiert – Rückschlüsse auf den Interviewpartner sind nicht mehr möglich)

- Rückblickend betrachtet: Was lief gut? Was lief schlecht? Warum?
- Wie könnte der optimale Prozess der Führungsübergabe aussehen?
- Wie kann Wissen im Unternehmen gehalten werden?
- Verfügen Sie über Wissen, dass für Ihren Nachfolger von Relevanz sein könnte?

Transkription Führungskräfteinterview
(Interview 1)

Gesprächspartner:	Führungskraft einer Kärntner Raiffeisenbank
Position:	Geschäftsleiter
Ort:	Kärnten, Ende Februar 2012
Gesprächszeit:	53 Minuten
Anmerkung:	**Die elektronische Aufzeichnung dieses Interviews wurde vom Interviewten nicht gestattet.**

(...)[längerer Gesprächsteil über die Person und über das Unternehmen]

Interviewer:
Können Sie mir etwas zum Aufbau, der Struktur, der Strategie des Unternehmens sagen?

GL:
(...) Wir haben elektronische Standards eingeführt. Wir wollen den Schattenakt vermeiden. Wir haben als eine der ersten Banken den elektronischen Akt (ELAK) eingeführt. Das bedeutet, dass unsere Mitarbeiter keine zusätzlichen physischen oder elektronischen Akte anlegen müssen. (...) Wir haben auch sonst unsere Geschäftsprozesse auf eine Linie gebracht. (...) Hier muss eine Führungskraft der Lokführer sein. Nur im Zug sitzen und mitfahren, das reicht nicht.

(...)

Wie lief der Führungswechsel ab?

Ich bin seit dem Jahr (..) GL in der Bank. Mein Vorgänger ging sozusagen einen Tag vor meinem Antritt in die Pension. Es gab keine Übergabe. Ich habe vom ersten Tag an lernen müssen. Ich war am ersten Tag bereits mit der Realität konfrontiert und habe eine Sanierung durchführen müssen. (…) Eine Einarbeitungsphase gab es nicht. Ich hatte sofort Entscheidungen zu treffen. (…) Das war keine leichte Entscheidung, zumal es ein Unternehmen betraf, zu dem ich auch ein Naheverhältnis hatte. (…)

Diese Sanierungsentscheidung, hätten Sie diese auch getroffen, wenn Sie zuvor nicht bereits in der Bank gearbeitet hätten?

Ich hätte gleich entschieden,… - wahrscheinlich.

Eine externe Beratung oder Unterstützung in der Übergabephase gab es also nicht?

Nein, es gab keine Übergabephase.

(…)

Eine Einarbeitungsphase?

Nein, ich war vom ersten Tag an gefordert. (…) Damit Sie mich nicht falsch verstehen, mein Vorgänger war ein korrekter Mensch. Er hat die Mitarbeiter geprägt.

Welche Informationen haben Sie von Ihrem Vorgänger erhalten?

Ich denke generell, dass eine Führungskraft den Mitarbeiter prägt. Der Mitarbeiter war nach außen hin auch immer geschützt. Auch wenn es nach innen Reibereien gab. (…) Konflikte sind nötig. (…) Somit ist anlassbezogenes Lernen möglich. (…) Meiner Erfahrung nach muss eine Führungskraft respektvoll und eindeutig sein zu seinen Mitarbeitern.

Haben Sie noch Kontakt zu Ihrem Vorgänger, oder wünschen Sie sich noch Kontakt?

Nur privat, und freundschaftlich. (…)

Wie könnten Sie sich einen optimalen Prozess der Führungsübergabe vorstellen?

Nicht zu früh. Das schürt die Unzufriedenheit. Ein bis zwei Jahre bevor ich gehe, das ist mehr als genug. Dabei geht es aber nicht um das Fachliche (...) Die Standards, wie den Bankmanagerlehrgang setzen wir voraus. (...) Ein GL wird in drei bis vier Jahren auf seine Aufgabe vorbereitet. Fünf Jahre höchstens. Wenn jemand neu von außen kommt, dann macht die Ausbildung circa drei Jahre aus. Und in den zwei Jahren danach lernt er noch die Philosophie und so weiter kennen, wird mit auf Tagungen und Sitzungen genommen. (...) Die Philosophie hat aber keine so große Bedeutung. Hauptsächlich wenn es um das Genossenschaftsdenken und um die Verwaltung von Kundengeldern geht. (...) Wenn eine interne Nachfolge angedacht ist, steht der Kandidat ohnehin schon in Beobachtung von der GL. (...) Der GL hat die Aufgabe, die Philosophie weiterzutragen.

Ist die interne oder externe Nachfolge eher von Vorteil?

Die interne, absolut. Wenn extern, dann muss derjenige aus dem Sektor kommen. Wenn kein interner Kandidat da ist, dann braucht ein Quereinsteiger circa fünf Jahre für die Ausbildung. Drei Jahre für das Fachliche und zwei Jahre und den nötigen Lauf zu erhalten. (...) Da kann man maximal einen Anker mitgeben. Die Erfahrung die ich habe, das wird oft vom Neuen nicht verstanden.

Wie könnten Sie sich einmal Ihre Übergabe vorstellen?

Das Unternehmen muss sich neu ordnen, neu strukturieren. Der alte GL geht hinaus und damit ist für ihn das Thema abgeschlossen. (...) Ich gehe, schließe ab und etwas Neues kann entstehen.

Verfügen Sie über Wissen, dass für Ihren Nachfolger von Relevanz sein könnte? Wenn ja, wie könnte dieses Wissen erhalten bleiben?

Die Philosophie wird sowieso im Laufe der Jahre mitgegeben. (...) Nach relativ kurzer Zeit wird dies vom Mitarbeiter schon erkannt. (...)

Wie können Sie sicherstellen, dass Wissen im Unternehmen erhalten bleibt?

Das fachlich Nötige ist Voraussetzung. Ergänzt durch Erfahrung, die man macht. (…) Und unsere Philosophie von Raiffeisen, der Verbund, das Zusammenleben, das ist halt wichtig.

Sind Wissenserhalt und Wissensweitergabe erstrebenswert?

Wenn jemand geht, dann ist Platz für Neues. Angela Merkel hat bei ihrer Kandidatenwahl zum deutschen Bundespräsidenten auch gesagt: „Ich schaue über alle Grenzen hinweg". Das muss man zulassen. (…) Und nicht darüber jammern, wenn etwas unveränderlich ist. Wenn etwas unabänderlich ist, dann ist es so. Es hat keinen Sinn darüber zu diskutieren.

Danke für das Gespräch.

Transkription Führungskräfteinterview
(Interview 2)

Gesprächspartner:	Führungskraft einer Kärntner Raiffeisenbank
Position:	Geschäftsleiter
Ort:	Kärnten, Ende Februar 2012
Gesprächszeit:	76 Minuten

(…) [längerer Gesprächsteil über die Person und über das Unternehmen]

Interviewer:
Wie lief der Führungswechsel ab? Wie sind Sie in die Position gekommen?

GL:
Ich war damals Prokurist. (…) Ich war damals aber auch vom Bundesheer geprägt, was das Thema Führung angeht. Unter Aktiven ist das kein Problem, da zählt der Stern. Unter Reservisten ist das anders. Entweder man kommt mit denen zurecht, oder nicht. Da habe ich natürlich schon Übung im Umgang mit Personen gehabt. (…) Im April (…) sagt mir unser Obmann, ich soll mit ihm nach Klagenfurt fahren. (…) Die GL war zu diesem Zeitpunkt schwer angeschlagen, weil ein großes Kreditengagement notleidend wurde. (…) Das Stimmungsbild war nicht allzu gut. (…) Dann eben, am (…) mussten wir, der Obmann, GL und ich, zur RLB. (…) in den 7. Stock zur Sitzung. Da war von Revision, Generaldirektor, Obmann der RLB alles vertreten. (…) Ich musste als erster hinein und wurde befragt. Zum Kreditengagement (…) und ob ich mir vorstellen konnte, die Bank zu führen und ob ich mit den bestehenden GL zusammenarbeiten könnte. Nachdem ich gehört habe, was vorgefallen ist, habe ich gesagt: „Nein". Für mich ist ein gerader Weg als Führungskraft extrem wichtig. (…) Generell kann ich mir das vorstellen, dass ich das machen könnte. (…) Nach mir gingen die beiden GL in die Sitzung. Als sie herausgekommen sind, stand fest, dass diese suspendiert worden sind. (…) Ich habe gewusst, ich bin alleine und muss das alles übernehmen – in der Situation. (…) Einer der beiden Vorgänger musste noch einige Monate im Amt bleiben, damit wir zeichnen konnten, doch er hat mir schon gesagt, wenn es um

Kreditentscheidungen geht, greift er nichts mehr an. Wir haben zusätzlich noch einen Prokuristen gebraucht, damit wir wenigstens handlungsfähig waren. (…) Wir haben im Haus einen Kollegen gehabt, der meiner Meinung nach gut in die Position gepasst hat (…)

Und der zweite GL?

Wir haben die Stelle ausgeschrieben. Es waren 10 Leute da und ich muss sagen, ich war total enttäuscht. Keiner der Bewerber hatte Ahnung vom Bankgeschäft. Aber nicht einmal die geringste.

Waren das Leute aus dem Bankwesen?

Das waren teilweise Banker. (…) Es gab ein Hearing im Haus…

Kamen die Bewerber aus dem Raiffeisensektor?

Nein, kein Einziger. (…) Eines Tages meldet sich jemand. Ein damals aktiver GL einer RB. (…) Ich habe den sofort genommen. (…) Er war zwei Jahre da, ich war aber total enttäuscht. Seit diesem Zeitpunkt weiß ich, wenn jemand im Alter von circa 20 Jahren ein lockerer Typ ist, dann wird das immer ein lockerer Typ bleiben. (…) Es gab laufend Probleme. (…) Er hat Kreditzusagen gemacht und ich habe dieselben Kredite Tage später abgelehnt. Er war einfach uninteressiert. (…) Es war natürlich schwirig – gerade in dieser Sanierungsphase. Wir waren dann wieder allein. Aber was ich gemacht habe, ich habe viel mit den Mitarbeitern geredet. Ich bin immer wieder mit einigen auf ein Bier gegangen. Wir haben immer offen geredet. (…) Ich habe dann natürlich jemanden gebraucht, der extrem gut im Kreditgeschäft ist, um die Schieflage der Bank zu korrigieren. (…) Den haben wir letztendlich gefunden. (…) Aber trotzdem war das eine heiße Phase, die drei Jahre gedauert hat. Der Arbeitstag hat um halb acht begonnen und war um 22 Uhr zu Ende. Keine Pause. Kein Urlaub. (…) Nebenbei habe ich ja noch den neuen Kollegen fachlich aufbauen müssen. (…) Es war eine harte Zeit. Aber eines muss ich sagen, wir sind nur weiter gekommen, weil wir Handschlagqualität hatten. (…) Zu dieser Zeit hat uns ein Sanierungsspezialist der RLB ausgeholfen, von dem mein Kollege für seinen zukünftigen Job viel gelernt hat. Ich habe gewusst, wir haben nicht nur einen Sanierungsspezialisten im Haus, sondern gleichzeitig jemanden, der uns einen zweiten GL aufbaut. (…) Und das hat er so gut gemacht, dass unser zweiter GL seit Jahren auf der RAK unterrichtet. (…) Nachdem wir ja noch weiterhin in Bedrängnis waren, haben wir immer wieder kleine Feste für die Mitarbeiter gemacht, oder Ausflüge, damit der Teamgeist erhalten bleibt (…) Wir haben in diesem Moment gewusst, dass die Mannschaft total hinter uns steht. (…) Meine Devise ist immer: zuerst muss der Laden laufen, dann werden wir alle auch was bekommen. (…) Als Führungskraft musst du verlässlich sein. Die Leute müssen wissen woran sie sind. (…)

Was mich interessiert, wie war ihr erster Tag im Juli 1996, wo sie dann GL worden sind. Haben Sie alles nötige Wissen erhalten?

Vom Fachlichen, ja. (…) Speziell die ersten Monate waren wie auf einem Feuerstuhl. Es sind immer neue Überraschungen gekommen. Ich bin samstags und sonntags in die Bank geflüchtet, damit ich mir in Ruhe alles habe ansehen können. Sagen wir so, ich habe einen sportlichen Ehrgeiz entwickelt und war mir nie sicher, ob das alles funktioniert. (…) Im Grunde war mein Vorteil, dass die Sündenböcke ja bekannt waren und ich bei null anfangen habe können. (…) Ich habe mich auf nichts konzentrieren können. (…) Die Mitarbeiter sind gestanden (…) Das hat mich dazu bewegt, völlig offen zu kommunizieren, wie es um die Bank steht. (…) Seit dieser Zeit gibt es totale Kommunikation. (…) Das ist ganz wichtig, dass die Mitarbeiter wissen, worum es geht. (…) Es war brutal viel Arbeit. (…)

Wie lief die Kommunikation mit den Mitarbeitern?

Immer persönlich. Es ist der härtere Weg, aber der bessere. Es gibt Fragen und das ist gut. Hätte ich ein Mail geschickt, wäre dies nicht möglich.

Hat sich in diesem Zeitraum, wo intensiv kommuniziert worden ist, eine andere Unternehmenskultur entwickelt?

Ja, die Leute haben immer gewusst, was wir tun. Die Leute haben gearbeitet, ohne einen Cent mehr zu verdienen. (…)

War nach diesem Zeitpunkt ihrer Übernahme irgendwann nochmal das Wissen Ihres Vorgängers für Sie nötig? Wäre es sinnvoll gewesen?

Nein, die waren einfach zu alt. Eins habe ich auch gewusst. Das, was ich gelernt habe, dass kann ein GL in einem Haus, in dem es ruhig abgeht, niemals lernen. Man ist mit so vielen Dingen konfrontiert, die man lösen muss. (…) Wir haben gelernt, gegen was man alles verstoßen kann. (…) Das haben wir damals live gesehen. (…) Das war learning by doing. (…)

Hätten Sie irgendetwas anders machen sollen, rückblickend betrachtet?

Nein. Ich muss sagen, ich war glücklich, dass alles aufgegangen ist. Ich hatte Kollegen, die mir das niemals zutrauten. (…) Es war ein toller Erfolg und hat mich geprägt. Das hat mich so weit gebracht, dass ich immer sage, jeder bei uns im Haus soll die Ausbildung genießen, die er haben will. Das machen wir schon seit 10 Jahren so. Jeder Mitarbeiter darf seine Fortbildung selbst aussuchen. (…) Das kommt gut an. (…) Die, die nicht wollen, denen sage ich immer, dass sie sich etwas Neues anschauen sollen. (…) Auch das Kontakteknüpfen hat sich als voller Erfolg herausgestellt. Hätte ich die vorher gehabt, wäre sicher vieles leichter gegangen. Auch die höhere Konsequenz in der Umsetzung aller Dinge, die anstanden, wäre vielleicht besser gewesen. (…)

Während dieser Zeit, haben Sie Ihren zweiten GL – objektiv betrachtet – teuer aufgebaut. Mit externer Beratung. Dafür verfügt er, wie Sie sagen, über sehr viel Spezialwissen. Was wäre denn, wenn dieser Mensch morgen nicht mehr verfügbar wäre?

Wenn er morgen nicht mehr da wäre, täte ich mir aus heutiger Sicht wesentlich leichter als damals, weil ich das Unternehmen quasi im kleinen Finger habe. Ich muss dazu sagen, es wäre ein brutaler Verlust, weil wir uns sehr gut verstehen. (…) Wir haben eine tolle Kommunikation und totales Vertrauen. (…) Wir haben zwar die Markt- und Marktfolgeaufteilung, aber wir gehen nicht strikt nach Papierform vor, sondern jeder nach seinen Stärken. (…) Wir sind mit (..) Mitarbeitern auch eine kleine Bank (…)

Und was würden Sie tun, wenn er doch weg wäre?

Wenn er von heute auf morgen ausfällt, hätte ich schon zwei in den Startlöchern, die schon so aufgebaut sind, dass das möglich wäre. Langjährige Mitarbeiter, die seit 2003 da sind. Ich kann das sagen, weil wir seit 2005 jährliche Mitarbeiterbesprechungen machen. (...) Es gibt immer wieder Sachen, die in den Gesprächen hervorkommen. Wir reden ganz offen. (...) In diesen Gesprächen werden auch die Laufbahnen einzelner Mitarbeiter besprochen. (...) Wir reden auch mit den Mitarbeitern. Zum Beispiel frage ich den Mitarbeiter, wie er unsere Bank beschreiben würde, wenn die Bank ein Auto wäre. Wäre es sportlich, geräumig, oder so? Da erfährt man von den Leuten überraschende Sachen, auf die man so nie gekommen wäre. Wir versuchen die Leute aus der Reserve zu locken. (...)

Ist das bei größeren Banken anders?

Ich denke schon. Ich sage immer: „Small is beautiful." (...) Wenn wir größere Sachen machen, machen wir alles gemeinsam. Wir reden miteinander. (...)

Zurück zu den beiden Potentialen. Haben die auch schon Führungskompetenz?

Mitarbeiter, von denen wir das Gefühl haben, dass sie einmal Leitungsfunktion übernehmen, werden gefordert. Sie präsentieren zum Beispiele Teile der Generalversammlung. (...) Wir bauen diese auf. Es gibt keine Checkliste. Das ist unser Gespür dafür.

Ist eine interne oder externe Nachfolge in der GL besser?

Absolut die interne, wenn diese vorhanden ist. Da schauen wir natürlich darauf, nach der Vorgeschichte. Es ist so, beim Mitarbeitergespräch werden auch die Ziele der Mitarbeiter abgefragt. (...) Wenn wir wirklich zwei haben, ist es gar nicht so einfach zu entscheiden, wer es dann werden soll. Ist ein AC hilfreich? Dann beschäftigen wir uns damit. Aber sicher nicht ein Jahr davor, sondern schon um etliches früher.

Wie viele Jahre früher?

Ich sage fünf Jahre früher muss man damit anfangen?

Wie könnte denn der optimale Prozess der Führungskräftenachfolge aussehen?

Ich denke mir fünf Jahre davor muss ich schon wissen, wo es lang geht. Dann brauche ich für die Beobachtung ein bis zwei Jahre. Dann muss der Mitarbeiter schon ins Geschäft eingebunden werden. Welche Themen stehen an? Auf was muss ich zusätzlich noch denken?… damit derjenige schon voll dabei ist. Auch seine Meinung wird dann schon gefragt sein. (…) Man muss aber auch jedes Jahr davon ein Ziel haben, was zu erledigen ist. Wenn ich nur sage, dass wir anfangen, fängt man nie an. Die Konsequenz ist nötig. (…) Zwischendurch werden immer wieder Fragen gestellt um abzuklären, wie derjenige denkt und wie Prozesse funktionieren. (…)

Können Sie sich vorstellen, nach Ihrer eigenen Übergabe noch verfügbar zu sein?

Also ich glaube, wenn ich sage, dass ich alles übergeben habe, dann habe ich alles übergeben. Weil ich dann andere Ziele habe. Ich möchte dann nicht mehr in die Bank kommen. (…) Wenn man abgeschlossen hat, ist es vorbei. (…)

Verfügen Sie über Wissen, von dem Sie sagen, dass es von Relevanz ist, dass es im Unternehmen gehalten wird?

Ich glaube, man hat ein gewisses Gespür. Das hat man einfach. Das kann ich nicht übertragen. Wenn ich das habe, kann ich das nicht übertragen. Wenn das jemand kopieren will, dann ok. Aber ansonsten, ist das schwierig zu übertragen. Derjenige der aufgebaut wird, bekommt ja viel mit. Ich will aber nicht, dass er dadurch seine Authentizität verliert. Das funktioniert nicht. (…) Wichtig ist, dass derjenige in die richtige Richtung findet, mit welchem Werkzeug er das macht, ist egal. Ich bin mir auch nicht sicher, ob das, was ich mit meinem Alter für richtig halte, auch richtig ist.

Was fällt Ihnen spontan zum Thema Wissensmanagement ein?

Wissensmanagement ist, wenn man die Chance ergreift, sich weiterzuentwickeln. Es gibt fast bei jedem Thema etwas, das ich mitnehmen kann. Die GL-Plattform zum Beispiel ist ein gutes Beispiel für Wissensmanagement. (…)

Also das Gespräch mit „Gleichartigen"?

Ja. Ich glaube, man muss Vertrauen aufbauen und das zulassen, was andere zu sagen haben. (…) Auch eine Gesprächskultur zu entwickeln gehört dazu. Wir haben schon lange vor – leider verabsäumen wir es – am Freitagnachmittag in den Schalterraum zu gehen und zu kommunizieren. Das ist noch ausbaufähig. (…) Auch das Bier nach Dienst ist förderlich. Es geht sich selten aus. (…) Weil man da den direkten Kontakt zur Basis hat. (…) Auch die Ideen der Mitarbeiter sind wichtig. Das muss man auch zulassen, auch wenn nicht immer was Brauchbares dabei ist. (…) Man muss immer am Laufenden bleiben. Man muss aktiv mitten drin sein. (…)

Danke für das Gespräch!

Transkription Führungskräfteinterview
(Interview 3)

Gesprächspartner:	Führungskraft einer Kärntner Raiffeisenbank
Position:	Geschäftsleiter
Ort:	Kärnten, Ende Februar 2012
Gesprächszeit:	45 Minuten

GL:

Ich kann Ihnen ja nur erzählen wie es in der Praxis abläuft. Ich kann Ihnen hier keine theoretischen Lehrmeinungen widergeben.

Interviewer:

Ist ja auch absolut nicht Sinn der Sache. Mich interessiert, wie die Praxis funktioniert. Und dann, ob die Praxis sich von der Theorie unterscheidet.

Ihnen geht es aber gar nicht nur um den Wissenstransfer auf der GL-Ebene, oder gilt das auch für die Abteilungsleiter-Ebene?

Natürlich auch. In meiner Studie habe ich das Thema allerdings auf die Führungskräfte eingeschränkt. Betreffen wird es alle Führungsebenen wohl gleichermaßen.

Für mich gilt es für alle Ebenen gleichermaßen, wenn auch mit anderen Aufgaben. Egal ob Schalter, oder GL. Das Wissen derer ist genauso wichtig.

(…) [längerer Gesprächsteil über die Person und über das Unternehmen]

Wie lief der Führungswechsel ab?

Naja, als ich als GL angefangen habe, waren wir zu dritt. Mein Vorgänger war zu diesem Zeitpunkt noch 14 Monate in der Bank. Das war schwirig.

Wegen der Abstimmung?

Irgendwann fängt man an, sich gegenseitig auf die Füße zu treten. Das Haus ist nicht so groß, dass man für drei GL Arbeit hat. Ich sehe das so, einerseits hat man Dinge, die zu übernehmen sind, andererseits kommt man sehr schnell ins operative Geschäft. Egal in welchem Bereich. Und wenn diese Zeit zu lang ist, sagt sich der, der in Pension geht: „Eigentlich mache das noch ich, weil ich bin ja noch so lange da". Eigentlich will ich das aber so machen, wie ich es für richtig halte. Ich muss es ja selbst verantworten. Diese doppelte Phase war zu lang.

Was wäre die optimale Phase der Übergangszeit?

Bei mir hätte ein Quartal gereicht. Das hängt damit zusammen, was man für Tätigkeiten übernimmt. Ich habe Tätigkeiten übernommen, die ich gekannt habe. Ich habe die Struktur einer RB gekannt. Ich habe alle Leute gekannt. Ich bin nicht als Fremder hier herein gekommen. Ich habe keine Kunden übernommen, sondern die Organisation und die Sanierungsfälle. (…) Ich habe mich um diese Dinge kümmern dürfen. Ich habe da keinen Dritten mehr gebraucht. Ich habe auch ausbildungsseitig nichts nachholen müssen. (…)

Waren die 14 Monate Dreifachbesetzung gewollt oder nicht?

Der Zeitraum war nicht gewollt. Mir wäre lieber gewesen, ein halbes Jahr später zu starten. Der Pensionsantritt meines Vorgängers war bekannt. Im August 2000. Ich wollte im Jänner 2000 beginnen, dann hätten wir sieben bis acht Monate gehabt. Das hätte gepasst. Der Wunsch vom Aufsichtsrat war allerdings, das mit den 14 Monaten zu handhaben. Erfahrungsgemäß würden sieben bis acht Monate Übergabephase reichen. Nach der Erfahrung die ich heute habe, sage ich, wenn jemand keine fachlichen Defizite hat, reichen drei bis fünf Monate. (…) Wir machen das auch jetzt so.

Wenn mein Kollege in Pension geht, haben wir einen Zeitraum von vier Monaten vereinbart.

Ist der Nachfolger schon im Haus?

Noch nicht, er kommt aber aus dem Sektor. Er kennt den Raiffeisensektor und kann deshalb auch relativ schnell arbeiten anfangen. In den ersten Monaten – wo wir zu dritt sind – wird ausschließlich das Thema Kundenübernahme behandelt. Sonst nichts. Er wird mit überhaupt keinen anderen Themen belastet. Vier Monate Kundenübernahme ist geplant.

Und nach den vier Monaten geht der alte GL in Pension?

Ja!

Und danach?

Wir leben die Trennung Markt und Marktfolge am Papier sehr genau. In der Praxis nicht. (…) Das wollen wir dann schon wieder ändern. Wir wollen eine klare Linie zwischen Markt und Marktfolge ziehen. Das ist aber in der gemeinsamen Phase, wo wir zu dritt sind, kein Thema.

Wird diese Phase von Ihnen drei durchlaufen, oder wird jemand extern beraten?

Nein, sicher nicht. Das wird allein zwischen uns geregelt.

Wie werden Sie, oder Ihr Kollege den neuen GL einführen?

Alles was mit Personal, Organisation anbelangt, werde ich machen. Was Kunden betrifft, wird mein Kollege machen. (…)

Was ist mit den Abläufen, Prozessen im Haus ? Wie wird die Philosophie übertragen?

Das ist ein wichtiger Punkt. Das, wie wir ticken, wie ich unsere Strategie sehe, das kann nur eine Mischung aus dem zu Verfügung stellen von vielen Unterlagen sein, die wir haben und, viel wichtiger, Gespräche sein. Laufende Kommunikation.

Wird der Übergeber der Stelle nach seiner Übergabe noch verfügbar sein? Ist das wünschenswert?

All das was die Kundenrelation betrifft – auch das informelle – wird in diesen vier Monaten passieren. Wenn über einen Kunden geredet wird, dann geht es nicht nur um dessen Bilanz, dann müssen auch andere Informationen in der Kundenübergabe mit einfließen. Das ist nirgendwo protokolliert. Da werden Softfacts genauso wichtig sein, wie die Sachen, die irgendwo nachzulesen sind. (…)

Wenn Sie zurückblicken an den Start, als Sie GL geworden sind, haben Sie damals alles nötige Wissen erhalten, dass sie benötigt haben?

Ich habe extrem wenig direkte Einschulung genossen. Brauchte diese auch nicht und hätte diese auch nicht haben wollen, weil mir bestimmte Dinge transportiert worden sind, wo ich gedacht habe: „So nicht!". (…) Ich habe die Bank in den ersten zwölf Monaten so umgestellt, dass nur mehr eine Person das gemacht hat, was sie davor gemacht hat.

Wie gehen die Leute damit um?

Viele Gespräche. Viele, viele Gespräche. Das war nötig. Die Bank ist einfach auch schlecht dagestanden. Das war nötig. Nach heutigem Bankenrating wäre die Bank eine 4,5 gewesen. Die Mitarbeiter haben sich nach einer Struktur gesehnt. (…)

Wie schafft man es, dass nötige Vertrauen – auch in die eigene Person – herzustellen?

Wissen Sie was das Erfolgsgeheimnis ist. Rein aus der Praxis. Du muss sehr schnell Erfolgserlebnisse schaffen. Dann glaubt dir der Mitarbeiter. Es ist so. Ich habe gewusst, ich muss sehr schnell einige Dinge in Ordnung bringen und das so kommunizieren, dass Glaubwürdigkeit bei der Belegschaft entsteht. (…) Du musst dem Mitarbeiter gegenüber sehr schnell Erfolge liefern. (…)

Quick wins?

Quick wins. Das ist ganz wichtig. Der Mitarbeiter entwickelt dann schnell Vertrauen. (…) Und Mitarbeiter lernen dann auch. Das war für mich fast überraschend, wie das Ganze mitgetragen wurde. Ich habe einige Fälle gehabt, wo ich dachte, dass es schwierig wird. War es aber nicht. Wenn man immer sagt, Mitarbeiter wollen sich nicht verändern. Ich kann das für unser Haus nicht sagen. (…)

Spielte das auch eine Rolle, dass die Mitarbeiter gewusst haben, wo ihre Grenzen liegen? Dass es Konsequenzen gibt, wenn sie nicht mitspielen?

Stimmt natürlich auch. Aber das habe ich den Leuten relativ schnell zum Ausdruck gebracht, dass ich die Verantwortung trage und einige Dinge so haben will. Das ist auch wichtig. Das ich wirklich sage, ich bin die Führungskraft. (…) Der Mitarbeiter will ja geführt werden, er sehnt sich danach. Solange es nicht in Richtung piesacken geht, sondern fordern, dann will er das haben. (…)

Was zeichnet eine erfolgreiche Wissensweitergabe in dem Übergabeprozess aus?

Wenn der Mitarbeiter, der das übernimmt, klar weiß, was seine Aufgaben sind. Wir haben gerade so einen Fall in einer Abteilung. Da geht die Leiterin in Pension. Du musst das ganz genau auflisten, welche Aufgaben übernommen werden. Wir machen das ganz genau. Fast pedantisch. Wir listen hunderte Tätigkeiten auf. Das oberflächlichste ist dabei die Stellenbeschreibung. Ganz ein genaues Tätigkeitsprotokoll. (…) Damit weiß der Übernehmer, was er überhaupt übernehmen muss. Dann machen wir eine Matrix und der Mitarbeiter sagt, was er davon bereits kann. Und dann wird priorisiert. (…) Dann wird nach Prioritäten geordnet. (…) Dann wird nach Prioritäten abgearbeitet. Jede Woche überprüfe ich diese Matrix. (…) Und bei dieser Auflistung der Tätigkeiten geht es auch um informelle Dinge. Da ist die Frage, wie das transportiert werden soll. Dinge, die eher so informell sind. Fachlich ist es ohnehin meistens Voraussetzung. Das ist die größte Herausforderung. (…)

Der zeitliche Rahmen der Übergabe mit der Matrix?

Ein halbes Jahr. Jetzt in der Marktfolge. Hier gibt es ja Tätigkeiten, die passieren nur einmal jährlich. Die Bilanz zum Beispiel. (…) Es ist schwierig, dieses Gefühl zu entwickeln, wann dieser Wissenstransfer vollendet ist. Ich glaube, dass es das gar nicht gibt. Ich glaube, dass jede Veränderung einen Reibungsverlust bringt. Bestimmte Dinge muss sich jeder aneignen. Wenn diese Matrix abgearbeitet habe, werde ich aber vielleicht 90 bis 95 Prozent erwischt haben.

Es geht darum, den Zeitraum zu reduzieren, bis die Streuverluste wieder aufgeholt sind?

So ist es. Es werden bestimmte Dinge auftreten – auch bei uns – da gibt es eben Streuverluste. Aber auch die Chance der Veränderung. Das ist vielleicht auch gut so. Das ist nicht nur ein Risiko. Was ich nicht glaube, dass man einen 30jährigen Erfahrungsschatz durch eine Übergabe weiterbringt. Das geht nicht. Und weil das gar nicht geht, muss ich schauen, das weitestgehend zu minimieren – diesen verbleibenden Rest. Wenn das möglich wäre, wäre wohl auch die Möglichkeit zur Veränderung zu klein. Wenn du ins gleiche Korsett eingespannt wirst, dann kommst du gar nicht auf die Idee, etwas anders zu machen. Die Nachfolge in unserer zu besetzenden Abteilung kommt jetzt schon öfters zu mir und sagt, dass sie einige Sachen doch anders machen wird. (…)

Gibt es im Unternehmen Gruppen oder Personen die Spezialwissen haben?

Ja, das gibt es. Das lässt sich aufgrund der Größe unserer Bank gar nicht verhindern.

Was wäre denn, wenn diese Gruppen oder Personen nicht mehr greifbar wären, von heute auf morgen?

Großes Problem. Klassisches Beispiel: Rechnungswesen. Wir haben einen Leiter, der bestimmte Dinge kann. Diese Dinge kann nur er. Es gelingt mir nicht, die parallel gleiche Qualität aufzubauen?

Weil er sein Wissen nicht preisgibt?

Weil es nicht effizient ist. Ich kann nur einen Notfallplan machen. (...) Oder ich kaufe jemanden zu. In diesem Fall ist es so, dass wir eine ehemalige Kollegin haben, die schon in Pension ist. Diese kommt aber immer noch im Jänner in die Bank und arbeitet an der Bilanz mit. Das mache ich seit fünf Jahren. Wenn unser Leiter wirklich einmal ausfallen sollte, ist das der Notfallplan. (...) Und die macht das gern.

Oder die Variante der Altersteilzeit?

Ja, das überlegen wir uns für unseren aktuellen Fall in der Marktfolge. Da müssen wir noch schauen.

Gibt es im Falle der Kollegin im Rechnungswesen Wissensdefizite?

Das kann ich nicht beurteilen, weil sie sehr stark mit unserem Kollegen zusammenarbeitet und mit mir nichts zu tun hat. (...) Es wäre klarerweise ein Problem, wenn ich jemanden aus der Pension zurück in den Alltagsberuf hole. Es gibt einfach Neuerungen. Je länger man weg ist, desto größer werden die Defizite.

Geht es in dem Fall auch um informelles Wissen?

Natürlich. Dort, wo wir wissen, dass es zu einem natürlichen Abgang kommt und wo wir wissen, dass dort informelles Wissen vorhanden ist, versuchen wir, dieses so gut als möglich weiter zu transportieren. Das wichtigste ist, du musst mit den Leuten permanent reden –wöchentlich. Auch wenn einmal keine Zeit sein sollte. Jeder kommt dann in seinen Arbeitsprozess und hat keine Zeit – dann wird es so lange geschoben, dann stoppt das.

Ist in der Führungskräftenachfolge eine interne Nachfolge besser als eine externe?

Das kann man so nicht sagen. Das hängt von den handelnden Personen ab. Ein Vorteil ist, wenn derjenige aus dem Sektor kommt. Aber das ist keine Bedingung. Wenn wir einen Kandidaten im Haus gehabt hätten, dann hätte der das machen sollen. Aber wir haben keinen passenden gehabt. Je kleiner das Haus ist, desto unwahrscheinlicher ist es, dass es einen geeigneten Kandidaten gibt.

Die Größe der Bank ist entscheidend bei der Wissensweitergabe? Ist es bei zum Beispiel fünf Mitarbeitern einfacher, Wissen zu verteilen?

Es ist dort schwieriger. Weil dort das Wissen umfassender sein muss. Je kleiner das Haus ist, desto größer ist die Breite des Wissens. Nicht so tiefgehend, aber breiter. (…)

Wenn Sie, mit Ihrer heutigen Erfahrung, auf Ihre Anfänge zurückblicken, gibt es da etwas, was Sie gerne besser gemacht hätten?

Ja, das hängt gar nicht mit irgendwelchen Tätigkeiten zusammen. Was wir bei der zukünftigen Übergabe besser machen werden ist, dass wir auch für die Zeit der parallelen Führung einen relativ genauen Zuständigkeitsplan machen werden. Da hat es Probleme gegeben. Wer darf was, wer darf nicht mehr. Da wollen wir zwischen Alt und Neu die Aufgaben verteilen.

Das heißt, es wird Aufgaben geben die der Übergeber ausführt und der Übernehmer lernt und es gibt Aufgaben, die der Übernehmer ausführt und der Übergeber korrigiert?

Konkretes Beispiel. Der neue GL beginnt am 1. März 2013. Wenn der Kunde X am 2. März übergeben wird, dann ist ab 2. März der neue GL dafür verantwortlich. Der alte GL hat nur mehr beratende Funktion. Auch die Umprogrammierung des Kundenstammes erfolgt sofort. (…) Der alte GL hat mit dem Kunden nur mehr dann etwas zu tun, wenn der neue GL etwas von ihm braucht. Warum machen wird das. Ich habe im Jahr (..) sehr schnell ein Depot und einen Kunden übernommen. Ich war auf einmal zuständig und trotzdem haben die anderen GL mitgeredet, welche Titel ins

Depot gekauft werden sollen. Das war ein Problem. Da haben wir uns irgendwie drüber gerettet.

Könnte das der optimale Weg der Übergabe sein, wenn es so etwas gäbe?

Ja, ich glaube das ist so. Man muss zuerst festlegen, was genau zu übergeben ist. Und dann Schritt für Schritt abzuarbeiten. Danach fällt es in den Aufgabenbereich des neuen GL. Sonst wird man nie mehr fertig. Klarheit ist wichtig.

Wird Ihre eigene Übergabe auch so aussehen?

Ja, so stelle ich mir das vor.

Gibt es Wissen, von dem Sie sagen, dass es wichtig ist, das es im Unternehmen erhalten bleibt? Etwas, das vielleicht nur Sie wissen?

Mit dem habe ich mich noch nicht beschäftigt. Ich glaube eines ist wichtig, das zu übergeben, was der Neue für sich als Entscheidungsgrundlage benötigt. Aber ich will ihm keine Entscheidungen in die Zukunft mitgeben. Nichts einreden. Das Fundament sollte so übergeben werden, dass der Neue sagen kann: „Ich habe alle Informationen, dass ich ab heute meine Verantwortung wahrnehmen kann. Dass ich aber auch Dinge ganz bewusst anders machen kann." (...) Ich will objektive Daten weitergeben. Entscheiden muss dann der Neue. Ich will nur sagen, wie ich Dinge mache. Der Neue muss die Dinge machen, wie er glaubt. (...)

Was fällt Ihnen zum Thema Wissensmanagement ein?

Ich glaube es ist eine Riesenherausforderung. Wir werden von neuen gesetzlichen Bestimmungen überflutet, von neuen Spielregeln, Basel III, Liquiditätsmanagementverordnung, Rating neu. Ich denke mir, alles wird immer kurzlebiger. Die Halbwertszeit von Wissen verändert sich dramatisch. Das ist die große Herausforderung. Wie gelingt es mir für mich selbst so Wissensmanagement zu betreiben, dass ich immer weiß, was ich wissen muss. Und wie transportiere ich das den Mitarbeitern. (...) Wenn man da keinen strukturierten Zugang hat, wird das schwer.

Natürlich ist das eine Bring- und Holschuld. (...) Ich kann nicht erwarten, dass der Mitarbeiter Wissen von sich aus aufsaugt. Das wollen wir auch nicht so tun.

Wie schätzen Sie die Bereitschaft der Mitarbeiter zur Wissensweitergabe ein?

Du musst die Mitarbeiter in gewissem Maße zwingen. (...) Ich kann vom Mitarbeiter zum Beispiel einen Seminarbericht verlangen. Dann muss er sich mit dem Thema nochmals beschäftigen. Klar, der eine nimmt das ernster und der andere weniger. Außerdem ist dem Mitarbeiter das eigene Hemd am nächsten. (...) Das Wissen gehört dem Mitarbeiter, glauben einige jedenfalls. Zwingen ist vielleicht der falsche Ausdruck. Mit Nachdruck motivieren trifft es besser.

Damit sich der Transfer verselbständigt?

Das ist so.

Hat dieser Seminarbericht eine vorgegebene Struktur?

Nein hat er nicht. Wir sind gerade dabei, eine Datenbank aufzubauen. Der ist in Wahrheit formlos. Es ist so unterschiedlich. Der Bericht wird an alle zur Verfügung gestellt, als Mail mit Anhang oder so ähnlich. Aber das ist schwierig. Es gibt noch keine Suchfunktion. Wir behelfen uns insofern, als das wir für viele Themen Produktverantwortliche haben. Die können im Zweifel gefragt werden. Aber das ist nicht optimal. Das ist schwierig.

Danke für das Gespräch!

Transkription Führungskräfteinterview
(Interview 4)

Gesprächspartner:	Führungskraft einer Kärntner Raiffeisenbank
Position:	Geschäftsleiter
Ort:	Kärnten, Ende Februar 2012
Gesprächszeit:	72 Minuten

GL:

(…) Ich habe schon etwas zum Thema Wissensmanagement gelesen, was auf der RAK erarbeitet wurde. Da ist aber nicht viel drinnen. (…) Das ist aber sehr akademisch geschrieben. (…) Wie man das in einer RB handeln soll, das wäre interessant. Das schafft nicht einmal unsere Kollegin, die aber sehr genau ist.

Interviewer:

Naja, das beinhaltet meine Studie auch. Im weiteren Verlauf aber auch die Praxissicht. Speziell der Zeitpunkt, oder der Zeitraum der Führungskräftenachfolge. Wie das Thema Wissensmanagement in diesem Führungswechsel vorkommt. Daher möchte ich von Ihnen absolut die Praxissicht hören. Nichts gelesenes, nichts theoretisches, sondern so, wie es ist.

Es gibt ja sehr unterschiedliche Zugänge zu dem Thema. Von Zufall bis hin zu übertriebener Planung. Da gibt es alle Varianten. (…)

(…) [längerer Gesprächsteil über die Person und über das Unternehmen]

Wie lief Ihr Übernahme ab?

Gar nicht. Ich habe, ab (..) war ein zweiter GL nötig, wegen der Gesetzesänderung im Bankwesengesetz. (…) Mein Kollege war damals zwar noch GL, hat sich aber kaum mehr um Geschäfte gekümmert, oder sich eingemischt. (…) Nach seinem Ausscheiden haben wir viele Jahre eine Ein-Personen-GL gehabt. Wir – der Obmann und ich – haben da versucht, zu planen und Strukturen zu schaffen. Wir haben auch damals sehr radikale Schnitte im Unternehmen gemacht. Wir haben uns neu aufgestellt. Es kam auch zu Kündigungen in dem Zusammenhang. Einige sind durch Beziehungen in die Position gekommen, nicht durch Leistung. Da haben wir uns von einigen trennen müssen. (…) Seit damals darf bei uns niemand auch nur annähernd politisch aktiv sein, es dürfen auch keine Verwandten beschäftigt sein – auch nicht im Sommer. Sehr radikale Schnitte. Das war schon mühsam am Beginn.

Wie ist das von den Mitarbeitern aufgenommen worden, dieser Kulturbruch?

(…) Jedes Unternehmen entwickelt sich in Wellenbewegungen. Auch sehr gute Unternehmen haben ihre Zyklen. Die Frage ist immer, schaffe ich in einer Abwärtsphase zeitgerecht diese Gegenbewegung. Deshalb überprüfen wir alle acht bis zehn Jahre unsere Strategie – wir legen alles auf die Waage. (…) Wenn es dahinplätschert, muss ich eine Gegenbewegung schaffen, damit ich wieder ein Ziel habe und den Leuten einen Sinn geben kann, wofür sie arbeiten. Die guten Mitarbeiter freuen sich auf so etwas. Die anderen, die da nicht mitmachen können, muss man entfernen. (…) Das ist das mühsame. Aber, wenn ich einen Weg gehe, dann muss ich ihn schon konsequent gehen. Bei mir hat jeder die zweite, auch dritte Chance. Aber wenn er die nicht nützt, dann ist er gnadenlos weg. (…)

Wenn Sie sich zurückerinnern an Ihre ersten Tage als GL. Haben Sie das Gefühl, damals alles Wissen gehabt zu haben, das nötig war?

Nein, bei weitem nicht. Es war damals auch leichter. Wenn du engagiert warst, nicht ganz dumm, bereit dazuzulernen, dann hast du relativ einfach Führungsaufgaben übernehmen können. Es war einfacher, weil du alle Stufen und Facetten des Unternehmens erleben konntest. Wer heute in eine Führungsrolle einsteigt, hat ja kaum mehr diese Chance. Du hast ja die Zeit nicht mehr. (…) Ich bin damals Filialleiter geworden, als mir am gleichen Morgen unser Obmann gesagt hat, ich sei jetzt Filialleiter. (…) Sehr unkoordiniert und unvorbereitet, das geht heute schon lange nicht mehr.

Hat es da vom Vorgänger irgendeine Art Wissenstransfer gegeben?

Ich glaube, der hat mir zu diesem Zeitpunkt nichts mitgeben können. Ich habe aber tolle Unterstützung vom Mitarbeiterteam erhalten. (…) Die haben mich auch vor Abstürzen bewahrt – meistens ältere Mitarbeiter. (…) Er hat das aber nicht schlecht gemeint. Er hat mich niemals behindert. Sonst hätten wir heute nicht diese Beziehung.

Kontakt ist also noch da?

Ja, er kommt jeden Tag zu uns.

War da in den Anfängen nur mehr persönlicher Kontakt oder auch noch „fachlicher"?

Nein. War auch gar nicht notwendig?

Würden Sie rückblickend irgendetwas anders machen?

Es hat natürlich Wissensweitergabe über Hintergründe gegeben. Aber nicht so sehr von meinem Vorgänger. Mehr von dem Obmann oder einem anderen Vorstandsmitglied, der schon sehr mit dem Unternehmen verbunden war. Und der auch mich schon gut kannte.

Ist es damals schon um die Philosophie des Unternehmens gegangen?

Nein, da hat es sicher nichts gegeben. Am Beginn habe ich nur geschaut, dass ich die Ausbildung mache, dass ich Fachkurse mache, dass ich selber weiter komme. Alles andere war nicht da. War aber auch nicht notwendig. Wir waren damals auch eine sehr kleine Bank.

Hat die Größe der Bank eine Auswirkung auf die Wissensweitergabe?

Ich denke, dass ist ein Einstellungsthema. Wenn ich Freude daran habe, Wissen weiterzugeben, Wissen zu entwickeln, Freude daran habe, dass ich weiterkomme und besser werde, dann gelingt das auch. Oder ich bin der Typ, der sagt, Wissen ist schon noch eine Machtposition und ich schauen muss, dass ich selbst alles weiß. Das entspricht aber nicht meinem Führungsmodell. Ich fühle mich sehr wohl darin, der Steuermann zu sein. (…)

Ist das sehr situativ?

Natürlich, es gibt ja nur die situative Führung. (…) Wenn die Mannschaft das akzeptiert, ist jeder Stil richtig. Am Ende des Tages muss der Mitarbeiter entscheiden. Kann ich mit dem Chef, oder nicht.

Gibt es im Unternehmen Gruppen, Teams oder Personen, die über Spezialwissen verfügen?

Natürlich. Unbedingt.

Was wäre denn, wenn diese Gruppe oder Personen nicht mehr im Haus wären?

Bei uns würde das nicht so viel bedeuten. Es holpert und würde sicherlich mühsam sein. Ich gehe aber immer davon aus, dass ein anderer Mitarbeiter sehr schnell in dieser Rolle entwickeln kann. Weil das Wissen ja in einem Team vorhanden ist. Schwieriger ist es eher, wenn ich beispielsweise einen guten Kommerzkundenbetreuer habe, und ich habe gerade gar keinen anderen ausgebildet. Ich kann nicht für jede Stelle jemanden parat haben. (…)

Wie sichern Sie, dass dieses Wissen im Team entsteht, vorhanden ist, verteilt wird ?

Die Teamzusammensetzung ist wichtig. Wir fahren auch eine sehr offene Linie. Wir haben ein System, wie wir Wissen weitergeben. Wir haben eine sehr genaue Struktur. Es gibt eine sehr genaue Form, wie Mitarbeiterteams zusammen sitzen müssen, bis hin, wie ein Protokoll aussehen muss. (…) Auch die Prozesse im Unternehmen sind natürlich dokumentiert. Das ist eine unbedingte Voraussetzung. Wenn ein neuer Mitarbeiter in ein Team kommt, braucht er etwas, woran er sich anhalten kann, nachschauen kann. Er kann dann jemanden fragen. (…) Ich bin ein Fan von der Mischung von Alt und Jung. Weil ich einfach weiß, dass beide davon profitieren. (…)

Hängt es auch davon ab, wie gut Sie als Führungskraft sind, wenn sie so etwas machen? Also, dass Sie wissen, dass der junge Mitarbeiter mit dem älteren auch kann, oder muss ich dem alten Mitarbeiter dies auch über die Jahre beibringen, dass er das auch akzeptiert?

Ich gehe davon aus, dass der Mitarbeiter grundsätzlich etwas Gutes mach will. Sehr oft ist es natürlich so, dass Führung falsch gemacht wird. Meistens sind die Führungskräfte schuld, wenn etwas nicht läuft und sich der Mitarbeiter nicht mehr wohl fühlt. Deswegen beschäftigen wir uns sehr stark mit Führung. (…) Ich bin auch ein Fan davon, dass Mitarbeiter zu externen Führungsseminaren gehen, weil sie dann andere Sichtweisen und Kollegen kennenlernen, aber auch erkennen, wie gut wir sind, oder sich beruhigen, dass es anderen auch nicht anders geht. Es ist auch ganz wichtig, dass wir mit dem ganzen Team arbeiten, damit eine Teamdynamik entsteht. Das ist eine unbedingte Voraussetzung. (…) Strukturierte Mitarbeitergespräche haben wir 1990 eingeführt.

Wie ist das bei den Mitarbeitern angekommen?

Zu Beginn hat jeder Mitarbeiter, wenn er zu wenig Informationen hat, Angst. Ich muss ihm erklären was passiert. Ich muss ihm die Möglichkeit geben, dass er das auch lebt. Es ist auch Zeit notwendig. Wir sind als Bank oft die ersten, die etwas probieren. (…)

Braucht man dafür auch eine gewisse Fehlerkultur?

Freilich. Da geht es um Stimmungen, wohlfühlen, Meinungen haben dürfen. Wie sollte man ohne dem weiterkommen? (…) Natürlich nutzen wir schon viele Jahre die technischen Möglichkeiten, wie Lotus Notes. Natürlich haben wir einen offenen Kalender. Wir haben elektronische Protokollierungen, Handbücher und so weiter. Vieles, oft zu vieles. Aber es ist besser, man ermöglicht mehr, als dass man bremst. (…) Wir nehmen die Leute bei der Hand und lassen sie dann machen. Viele Jahre schon. (…)

Die Protokolle? Wie werden diese verteilt?

Alles elektronisch. Ich kann mein Thema reinstellen. Suchen, alles. Da sind wir sehr gut drauf. (…) Wir haben auch sehr zeitnahen Informationsaustausch. Wenn wir eine

Führungsbesprechung haben, dann informieren danach die Bereichsleiter oft noch am gleichen Tag die Mitarbeiter. Damit man nicht wieder eine Woche wartet. (…) Wir informieren sehr offen. In intensiven Phasen, wenn wir ein großes Projekt machen, gibt es sogar einen Newsletter, wo wir erklären, um was es geht. (…) Wir arbeiten sehr viel mit Projekten. Ich bin ein Überzeugungstäter. Mit einem Projekt kann ein Mitarbeiter sich zu artikulieren probieren. Wenn er eine Projektleitung übernimmt, wird er unterstützt und er kann was machen. (…)

Kostet die Kommunikation viel Zeit?

Die meisten GL flüchten davor.

Wie wirkt sich die Kommunikation auf das Vertrauen untereinander und zur Führungskraft aus?

Natürlich gibt es beim Mitarbeitergespräch ein 360-Grad-Feedback. Das ist so üblich. Wobei wir auch wissen, dass sich nicht jeder mit seinem Chef anlegt. Deswegen werden auch von externer Seite anonyme Befragungen der Mitarbeiter durchgeführt. So bekomme ich eine neutrale Rückmeldung. Diese wird im Führungsteam besprochen und dann den Mitarbeitern präsentiert. (…)

Wenn ich zurückkommen darf zur Führungskräftenachfolge. Ist es generell besser einen internen Nachfolger zu haben oder einen externen?

Ich bin überzeugt davon, dass es einen internen Nachfolger gibt, weil sonst würde Mitarbeiterentwicklung eine reine Pseudosache sein. In einem Normalzustand bin ich absolut für eine interne Lösung. Wenn das Unternehmen in einer Sanierungsphase ist, bin ich 100prozentig dafür, eine externe Lösung zu suchen. (…) Wenn ich ein Unternehmen habe, das in einer Sanierungsphase ist, muss ich die Kernpersönlichkeiten neu aufstellen. Das geht nicht anders. (…)

Wenn man einen optimalen Prozess der Führungskräftenachfolge konstruieren könnte, wie würde dieser aussehen?

Ich kann Ihnen nur das erzählen, wie wir das machen, weil ich davon überzeugt bin, dass das der richtige Weg ist. Das muss aber jeder für sein Unternehmen entscheiden. (…) Diesmal hängt es auch damit zusammen, dass mein Ablaufdatum näher kommt. (…) Auf das aufbauend, haben wir uns Gedanken gemacht, wie wir das angehen. Ich bin bekannt, dass ich ein dominierender GL bin. Das hängt aber von mir ab, dass ich diesen Prozess der Übergabe beginne. Es hängt auch von mir ab, dass ich dem Nächsten die Möglichkeit gebe, sich zu entwickeln. Wir haben das ja schon einmal gemacht. Wir haben einen externen Partner geholt. Wir haben dann mit einem Analysetool gearbeitet. Wir haben die Situation analysiert. Danach in einer Kerngruppe von zehn Leuten arbeiten begonnen. Dann haben wir unsere Vision und unsere Strategie entwickelt. (…) Wir haben dann alle unsere Führungspositionen neu ausgeschrieben. Wir haben das beschrieben, sehr genau. Dann den Leuten Zeit gegeben, sich zu bewerben. Jeder, der sich beworben hat, hat eine halbstündige Präsentation halten müssen, was er sich unter der Führungsrolle vorstellt. (…) Ich wollte erreichen, dass sich jeder Mitarbeiter sich überlegt, was er will. Er soll sich überlegen, ob die Arbeit das ist, was ich wirklich machen will. Ich will das Nachdenken des Mitarbeiters haben. (…) Bei Mitarbeitern geht es oft nicht um das Können. Es geht um das Wollen und Dürfen. Das heißt, dürfen Mitarbeiter im Unternehmen sich weiterentwickeln. (…)

Gab es Ängste der Führungskräfte im Bezug auf Wissen, dass vielleicht in Gruppen oder Teams vorhanden war, mit der Neuordnung des Unternehmens verloren geht?

Mit einem Minibetrieb wie wir es sind? Wenn da die Führungskräfte nicht wissen, wo das Wissen ist, dann sind sie ja fehl am Platz. Ich bilde mir ein zu wissen, wer was weiß. Wir wissen auch, dass wir nicht alle Positionen oder Nachfolgeregelungen optimal besetzt haben. Das wissen wir. Es ist aber aktuell gar nicht notwendig. Ich baue zum Beispiel nebenbei zwei gute Kundenbetreuer auf. Die müssen das nicht morgen machen, die bekommen Zeit. Die meisten machen das ja anders. Die nehmen einen Uniabsolventen auf und stellen den in den Job. Natürlich geht das auch. Aber diese Leute müssen so viel erleiden, das ist doch nicht nötig. Bei mir haben die Leute Zeit zu wachsen. (...) Ich schaffe Spielwiesen für junge Kräfte. Wo die Eigenverantwortung gefragt wird. Wo strategisches Denken gefragt wird. Er wird natürlich unterstützt. (...) Ich begleite den Nachwuchs natürlich. Sobald ich zum Beispiel merke, dass der Kunde das akzeptiert, wird der Kunde übergeleitet. Wir wollen langfristige Lösungen haben. Wir haben sehr wenig Fluktuation. (...)

Wenn Sie sich den Zeitpunkt vor Augen halten, an dem Sie in den Ruhestand gehen. Verfügen sie über Wissen, von dem Sie sagen, dass es bewahrenswürdig ist und im Unternehmen gehalten werden soll und für Ihren Nachfolger von Relevanz ist?

Natürlich habe ich relevantes Wissen. Deshalb gehe ich diesen Prozess auch zeitgerecht an. Ich muss schauen, dass die neue Führungsmannschaft die Zeit hat, weiter zu kommen. Das beginnt mit der Ausbildung, mit einem AC zum Beispiel, um den Menschen zu spiegeln, wo die Stärken liegen und wo noch Potentiale sind. Wir lassen in Jahresintervallen den Bankmanager machen. Das Ziel ist, dass jeder Bereichsleiter den Bankmanager hat. So in zwei Jahren werden wir die Frage stellen, wer denn Lust hat, die GL zu machen. Nicht das Können ist das Thema, sondern darum, wer Lust hat, das anzugehen?

Möchten Sie Ihrem Nachfolger ihren Stempel aufdrücken?

Überhaupt nicht . Indirekt passiert das ja, weil ich hoffentlich in einigen Fällen Vorbild bin. (...) Ich habe aber nicht vor, den Lehrmeister zu spielen. (...)

Wie lange vor dem Ausscheiden beginnt dieser Prozess?

Dieser Prozess findet ja schon seit zwei Jahren statt. Mit den Bereichsleitern bin ich ja jetzt schon ganz eng verbunden. Ich stehe im Hintergrund jetzt schon für alle Fragen zu Verfügung. Ich bereite schon seit zwei Jahren alle Potentiale vor(...)

Hat es eine größere Bank leichter in der Führungskräftenachfolgeplanung?

Natürlich. Ich bewundere die kleineren Banken. Da arbeiten die GL ja oft bis zur Selbstaufgabe. Ich glaube, dass man eine bestimmte Unternehmensgröße haben muss, damit ich mir auf wichtigen Positionen gute Leute leisten kann. (…) Ich glaube auch nicht – wenn ich eine bestimmte Qualität haben will in Zukunft – dass das weiterhin bei kleineren Banken so möglich ist. Man merkt ja auch, dass diese Banken sich sehr schwer tun, geeignete Leute zu finden. Da gibt es schon oft einen Wissensverlust. (…) In unserer kleinen Struktur ist die effektivste Form der Führung, die Führung durch Vorbildfunktion, durch selber machen. Wenn ich es nicht mache, wie soll ich denn das von meinen Mitarbeitern verlangen. (…) Wir haben auch ein Buddysystem. Jeder dieser Führungskräfte hat wöchentlich eine Stunde mit einem Anderen aus dem Führungsteam. (…) Wir wechseln auch die Buddys alle eineinhalb Jahre. (…) Wir haben auch eine sehr hohe Akademikerquote. Wir rekrutieren Mitarbeiter sehr oft aus Praxissemestern oder Diplomarbeitsbetreuung. (…) Wir versuchen, keine Revolverschüsse zu machen, sondern genau zu planen. Es ist aber zunehmend schwierig, gute Leute zu bekommen. (…)

Woran liegt das?

Wir arbeiten sehr intensiv mit den Mittelschulen zusammen. (…) Wenn da vier Gute dabei sind, gehen davon drei studieren – nach Graz. Die kommen nicht mehr. (…)

Was fällt Ihnen spontan zum Thema Wissensmanagement ein?

Wissensmanagement würde ich so verstehen. Ich rede immer von langfristigen Entwicklungen. Ich will keine Fluktuation. Ich will gut ausgebildete Mitarbeiter langfristig an das Unternehmen binden. Das ist entscheidend. Eine offene Unternehmenskultur, transparent, offen zu kommunizieren. Als Führungskraft bereit sein, sich neuen Sachen zu stellen. Neigungen zu berücksichtigen. (…) Für mich ist Wissensmanagement primär, die guten Leute die ich habe, die bei mir gelernt haben, im Haus zu behalten. In einem Bereich, wo sie sich halbwegs wohlfühlen. (…)

Danke für das Gespräch!

Transkription Führungskräfteinterview
(Interview 5)

Gesprächspartner:	Führungskraft einer Kärntner Raiffeisenbank
Position:	Geschäftsleiter
Ort:	Kärnten, Ende Februar 2012
Gesprächszeit:	56 Minuten

(…) [längerer Gesprächsteil über die Person und über das Unternehmen]

GL:

Ich finde das Thema gut. Der Führungswechsel ist nicht unbedingt etwas Unwichtiges in einem Betrieb. Es hat sich viel Know-how aufgebaut. Es geht darum, die Kontinuität zu bewahren im Ablauf und auch Wissen möglichst mit großem Ausmaß transportieren kann. (…)

Wie lief Ihr Führungswechsel ab?

(…) Ich habe das Bankgeschäft von der Pike auf gelernt. Ich bin der Meinung, das ist ganz gut so. Einfach jeden Bereich selbst mit Arbeit ausfüllen. (…) Beide GL mussten das Unternehmen verlassen. Das heißt, meine Einarbeitungszeit war circa null. Mir wurde schlicht und ergreifend eines Tages die Frage gestellt, ob ich mir vorstellen könnte, die GL zu übernehmen. (…) Das spannende dabei war, dass einer der vorherigen GL im Haus verblieben ist. Nicht nur spannend, sondern auch mit Spannungen. Der alte GL ist noch ein Jahr im Unternehmen verblieben. Aber ohne Entscheidungsgewalten (…) In den ersten Jahren ist die Hauptlast auf meinen Schultern gelegen, da mein Kollege, der zeitgleich begonnen hat, die ganze Ausbildung erst absolvieren hat müssen. (…) Das war der Wechsel in die GL. Mehr oder weniger ein Sprung vom Zehnmeterbrett ins kalte Wasser.

Wäre eine externe Unterstützung in diesem Nachfolgeprozess wünschenswert gewesen?

Unterstützung haben wir ja genossen. Durch die RLB, durch die Rechtsabteilung. (…) Das hat recht gut funktioniert. Sonst, in anderer Form wäre das schwer gegangen. (…) In den ersten drei Jahren war da sehr viel zu tun. (…) Wir haben auch schauen müssen, dass das ganze Geschäft weiterläuft. (…) Wir haben uns den Markt aufgeteilt, jeder hat das gemacht, worüber er am besten Bescheid gewusst hat.

Wenn Sie zurückdenken an Ihren ersten Tag. Würden Sie sagen, Sie haben alles Wissen gehabt, das nötig war, um die Position auszufüllen?

Ich muss sagen, dadurch dass ich alles durchlaufen bin, habe ich alles gewusst. Die ganze Sektorausbildung. Das heißt, fachlich war ich sicher gut drauf. (…) Es geht aber nicht nur um Zeugnisse. Du musst auch die Leute ansehen. Du musst dir die Typen ansehen und schau dir die private Lebensweise an. Dann sehe ich schon, wie ein Mensch tickt, und welches Potential in ihm schlummert. (…)

Lernt man das, oder hat man das?

Ich glaube einen GL macht die Kombination aus fachlicher Ausbildung, gutem Bauchgefühl und gesundem Hausverstand aus. Wenn man die drei Faktoren optimieren kann, sollte es recht gut laufen.

Hat es irgendwann die Situation ergeben, dass Sie Informationen von Ihrem Vorgänger benötigt haben? Etwas nicht Dokumentiertes zum Beispiel.

Das Problem war bei uns überhaupt nicht vorhanden. Durch die Größe unserer Firma hat man relativ viel gesehen. Bei unseren Vorgängern war es anders. Da war alles sehr geheim. Man hat nichts sehen und hören dürfen. Die haben mit ihrem Wissen gegeizt. Es war auch die Situation so, dass es nicht das Gesprächsklima gegeben hat, das es heute gibt. Auch in den Gremien nicht. Es waren die Sitzungen so, dass es ein Frontalvortrag war. So war es. Wenn jemand etwas hinterfragen wollte, ist er abgewürgt worden.

Hat es eine relativ kleine Bank in der Führungskräftenachfolge leichter als eine große?

Ich glaube, das ist von der Situation abhängig. Je kleiner ein Ort ist, desto intensiver sind die Kontakte zu Bürgermeister, Apotheker, Doktor, Feuerwehrhauptmann oder wen auch immer. Da geht es darum, dass alles stimmig zusammenpasst. (…) Ich glaube, dass das von Bank zu Bank verschieden ist. Das hängt sehr stark von den Personen ab. Das kann man nicht verallgemeinern.

Was zeichnet denn eine erfolgreiche Wissensweitergabe in der Führungskräftenachfolge aus?

Es geht ja nicht nur um das Fachwissen. (…) Was nützt es, wenn ich zehn Titel habe und kann daraus nichts machen. Da sind wir wieder dort. Hausverstand, Baugefühl, wie weit kann ich bei einem Kunden etwas erreichen. Man sollte realistisch abschätzen können, welcher Weg der Beste ist. (…) Damit man das Bauchgefühl erhält, muss ich den ehrlichen Weg gehen. Wenn ich den Weg verlasse, verlässt mich das Bauchgefühl. (…) Das ist mein Credo. Schau dir die Leute an, schau dir den Charakter an. Damit bin ich bis jetzt immer gut gefahren. (…)

Wie macht man das mit der Mitarbeiterkommunikation in einer schwierigen Phase der Übernahme? Wo sind da die Reibungspunkte?

Das große Problem ist die Akzeptanz der Nachfolge, die aus der Mannschaft heraus kommt. Das ist uns Gott sei Dank gut gelungen. (…) Wie das wäre, wenn von außen wer kommt, kann ich nicht sagen. Wir haben es diskutiert. Auch jetzt, wenn es um meine Nachfolge geht, kommt wieder jemand aus dem Betrieb. (…) Was wir gemacht haben. Wir haben alles auf totale Offenheit umgestellt. Es hat keine Geheimnisse gegeben. (…) Das ist beibehalten worden. Das haben wir auch heute noch. Ich muss sagen, dieser Führungsstil, dieser kooperative, ist meiner Meinung nach der anstrengendste, aber der beste. (…) Die Offenheit, warum wir was machen, ist mühsam, aber es zahlt sich aus. Du schaffst damit Loyalität. (…)

Gibt es Gruppen oder Teams oder Personen, die über Spezialwissen verfügen? Was wäre, wenn diese plötzlich weg wären?

Da sind wir ja gerade dabei. Das Problem steht ja an. In der GL Nachfolge. Ich habe vor einigen Jahren den Gremien gesagt, wann der Wechsel ansteht. Da hat man gesagt, dass ja noch Zeit ist. Nach zwei Jahren habe ich gesagt, dass der Wechsel in drei Jahren ansteht. Dann ist auf einmal Hektik ausgebrochen. Dann hat man sich um die Nachfolge geregelt. Auf eine Lösung aus dem Haus hat man sich geeinigt. Was ich mache ist, dass ich Schlüsselpersonen aus dem Haus immer wieder in aktuelle Geschäftsfälle einbinde. (…) Ich hole mir die Betreffenden und wir gehen den Fall durch. Das reine Fachwissen wird ohnehin in Schulungen vermittelt. (…) Man lernt ja im Zuge der Praxis so viel. Da tauchen so viele Fragen erst auf. (…) Ich versuche in der Kommunikation möglichst breit aufgestellt sein. Da versuche ich – in der letzten Zeit vor allem – was diesen Platz betrifft, dass ich die Leute hereinhole und mit ihnen spreche. (…) Ich glaube das ist ein Weg, das zu transportieren.

Gibt es da eine Systematik? Eine Art Checkliste?

Durchgehend systematisch nicht. Aber zum Beispiel habe ich dem Nachfolger gesagt, wenn eine Tagsatzung bei Gericht ansteht, dass er mitgehen soll, um sich das alles einmal anzusehen. Wo und wie das alles abläuft. (…) Damit die Fehler nicht passieren, die mir selbst passiert sind. Ich bin zu Gericht geschickt worden, ohne Vorbereitung. Da bin ich gestanden, ohne Vollmacht der Bank. Solche eigentlich primitiven Sachen muss man vermitteln. (…) Da geht es um die Stimmung vor Ort, wie das ist, wie das aussieht. (…) Diese Sachen muss man sich anschauen. Das lernt man nur vor Ort. Das ist seminarmäßig nicht erlernbar. (…) Ich bin einer, der, reagiert, wenn es spannend wird. Aber ich reagiere. Andere warten ab und machen nichts.

Ist generell eine interne Nachfolgeregelung oder externe von Vorteil?

Wir haben Szenarien entwickelt, wann wer ausscheidet. Und bei uns scheiden ja in einigen Jahren wirklich einige aus. Fast alle Schlüsselpositionen. (…) Wir versuchen hausintern die Leute in die Richtung zu lenken und diese auszubilden. Bei Bedarf werden neue Leute aufgenommen, die dann von der Pike auf anfangen. Es ist natürlich problematisch. In unserer Größenordnung kann ich nicht einfach eine Menge Leute aufbauen. Das geht sich dann mit der Ertragsrechnung nicht aus. (…) Es ist machbar. Man muss aber ständig an den Leuten arbeiten. Ein Schema drüber zu stülpen geht nicht. Es kann ja passieren, dass jemand vorher ausscheidet, oder sich sonst etwas ändert. Einfach ein Schema zu übernehmen, das geht nicht. Das wäre zu einfach. Man muss ständig beobachten und feilen. Die Methoden wird es wohl geben, aber gleich umsetzbar ist das nicht. (…) Wir müssen situationsangepasst schauen, wann wer ins Unternehmen passt. (…)

Wie könnte denn der optimale Prozess der Führungskräftenachfolge aussehen?

Es ist immer die Frage, wer kommt und wie das Potential im Haus ist. Wenn zum Beispiel niemand im Haus ist. Im Haus sind es circa fünf Jahre. Aber wenn ich ausschreiben muss, kann ich das nicht fünf Jahre früher machen. Das wird sehr zeitnah passieren. Da muss man ein gutes Händchen haben. Das Zukaufen wird aber die teurere Version sein. Ich bin halt auf der internen Linie. Die andere ist für mich nur theoretisch.

Was passiert denn während der fünf Jahre, sofern eine interne Lösung angedacht ist?

Ich muss ja weiter denken. Wie beim Schach. Wenn ich jemanden abziehe und umbesetze, dann wird ja an einem anderen Ende etwas verändert. Das bewegt sich die ganze Bank. Da entstehen Löcher, die gestopft werden müssen. Da muss ich an anderen Positionen auch Leute finden. Und wenn ich mir jemanden vorstellen kann, heißt das noch lange nicht, dass sich das derjenige auch vorstellen kann. Man muss sehr frühzeitig Gespräche führen mit den Leuten. Das geht nicht anders. Ich muss immer schauen, dass ich das mit allen relevanten Personen abstimme. (…)

Verfügen Sie über Wissen, von dem Sie meinen, dass es für das Unternehmen relevant und bewahrenswürdig ist?

Ja und ich versuche das über die Praxis zu transportieren. Das versuche ich schon. (…) Ich versuche auch immer einfach zu sprechen. So wie die Leute reden. Denn die Leute trauen sich oft nicht zu fragen, wenn sie etwas nicht verstehen. (…) Fachausdrücke mag ich nicht sehr gern. Ich bin sehr offen und versuche mich auch so auszudrücken.

Was fällt Ihnen denn spontan zum Thema Wissensmanagement ein?

Ich unterscheide immer das Fachwissen und das angewandte Fachwissen aus der Praxis. Ich glaube, das Fachwissen kann man sich über Seminare, Kurse, Literatur aneignen. Es ist aber irrsinnig hilfreich, sich dieses Fachwissen auch von einem Praktiker erklären zu lassen oder selbst bei Beispielen mitzuarbeiten. Nehmen Sie sich zum Beispiel eine Gebrauchsanweisung irgendeines Gerätes und Sie haben das Gerät nicht. Da hat man oft das Gefühl, dass da chinesisch geschrieben wird. Wenn man aber auch das Gerät hat, dann kriegt das ein Aussehen. Das eine ist Theorie, das andere ist Praxis. Und die Kombination macht einen guten Mitarbeiter aus.

Bei der Praxis passieren ja aber auch Fehler. Wie geht man damit um?

Beim Probieren bin ich natürlich dabei. Da greife ich schon ein. Fehler passieren immer. Egal welche Ausbildung. Die Frage ist, wie oft man Fehler macht. Aus Fehlern lernt man. (...) Fehlerlos wird keiner sein. Die Frage ist, wie hoch ist die Fehlerquote. Ich versuche, das Wissen das ich habe in Gesprächen und mit einem Anlassfall zu transportieren. (...)

Danke für das Gespräch!

Softwareunterstützung

Dictamus 9.0.4 – Diktieren und Senden für IPhone (2012): Software zum Aufnehmen und Konservieren von Diktaten und Interviews im AAC MP4-Format. Jotomi GmbH. URL: http://www.jotomi.de/dictamus [Stand: 4. März 2012]

F4 V 4.2 (2010): Software zur Unterstützung von Audiotranskriptionen. dr.dresingpehl GmbH. URL: http://www.audiotranskription.de [Stand: 4. März 2012]